現代怪談

地獄めぐり 羅刹

響 洋平
村上ロック
シークエンスはやとも
徳光正行
牛抱せん夏

竹書房文庫

目次

響洋平

村上ロック

シークエンスはやとも

徳光正行

牛抱せん夏

響　洋平

Yohei Hibiki

京都府出身。クラブＤＪ・ターンテーブリスト・怪談蒐集家。音とアートと怪談を融合した気鋭の怪談ライブをプロデュースするほか、怪談系トークライブ、ＴＶ番組や映像作品への出演など、その活動は多岐にわたる。著書に「地下怪談」シリーズ『忌影』『慟哭』、共著に『現代怪談 地獄めぐり 無間』など。

廃校

「あの時見た顔は、一生忘れません。今でも思い出すと本当に怖いんです」

パチパチと乾いた音を立てて燃える焚き火を眺めながら、Dさんは呟いた。

火影に照らされた彼の顔には、古い記憶を手繰《たぐ》り寄せようとしている様子と、思い出したくもない恐怖に対峙する葛藤が滲《にじ》み出ているような表情が浮かんでいた。

この話は、数年前に私が友人の企画するキャンプに行った際、そこに来ていたDさんという男性から聞いた体験談である。


Dさんの地元は東北地方に在るM町。

かつては近くに鉱山があり、それゆえに栄えた町だったそうだが今はその面影もなく、静かな地方都市というイメージが当てはまるような場所だった。

Dさんが高校生の頃、仲の良い友人らと鉱山跡地に在る廃校へ肝試しに行こうという話になった。その廃校は、かつて鉱山が栄えていた頃に存在していた小学校であるが、戦後から昭和の後期にかけて鉱山が衰退するに伴い、廃校となった建物だった。

Dさんにとっては、初めての肝試しだったという。

深夜二十四時。

Dさんは、三人の友人らと現場近くに着いた。

街からは少し離れた場所になるためバイクで向かったのだが、その廃校は道路から少し離れた山側の敷地に建てられていて近くまでは行けない。Dさんたちは道路脇にバイクを停め、そこからは歩いて廃校まで向かうことにした。

夜空には朧《おぼろ》げな月が見える。

深夜になると、この辺りを通る車はほとんどいない。静寂の中で時折風が吹くと、あたり一面に生えているススキが、さらさらと音を立てて揺らいでいた。

足場の悪い道を十分ほど歩くと、目的地である廃校が見えてくる。

闇の中にそびえ立つその大きなシルエットには妙な威圧感があり、こちらを見据えているような不気味な迫力があった。

「ここ、やばくないか……」

Dさんは思わずそう言った。正直なところ来たことを少し後悔していたそうだ。しかし、周りの友人らはとても興奮した様子で「本当に幽霊がいたらどうしよう」「心霊写真が撮れたらテレビ局に送ろう」などと楽しそうに喋っている。一人で引き返すわけにもいかず、Dさんは友人らと廃校へ続く雑草の多い道を歩き続けた。

朽ち果てた校舎のすぐ傍まで辿り着いたが、入れそうな入り口が見当たらない。

「おい、これどこから入るんだ？」

おそらくかつて玄関だったであろう場所には、大きな木の板が打ち付けられていた。懐中電灯の光が、彷徨《さまよ》うように校舎の壁を照らしている。

「これじゃ入れないなあ」

「きっと肝試しの奴らが荒らしに来るからだよ」

Dさんたちはしばらくの間、建物の周りを散策した。窓という窓すべてに木の板が打ち付けられており侵入者を拒んでいる。すると一か所だけ、建物の端にある小さなドアが開いているのを見付けた。Dさんらは、そこから入ることにしたという。

廃墟の中は瓦礫《がれき》が散乱しており、埃《ほこり》が舞う酷い状態だった。

湿度の高い空気と、鼻を突く黴《かび》の臭い。歩くたびに、ジャリ……ジャリ……と、床に散らばる瓦礫の破片を踏み鳴らす音が暗い廊下に響いている。長い年月そこに淀み続けていた空気が、纏《まと》わり付くように自分の皮膚を撫でているようで気味が悪かった。

「足場が悪いから、気を付けろよ」

友人の一人が小声で言う。

Dさんの前を友人が二人歩いている。Dさんともう一人の友人は、その後を追うように二人並んで後列を歩いていた。四人は身を寄せ合うように、瓦礫だらけの廊下をゆっくりと進む――。

それは、ちょうど四人が廊下の突き当たりに着いた頃だったという。

「おい、ちょっとまて」

友人の一人が、突然立ち止まってそう言った。

「聞こえないか？　……音」

全員が息を呑んだ。

「……」

石のように硬まったまま、誰も言葉を発さない。

水を打ったような静寂の中、Dさんはすべての意識を耳に集中させて闇に神経を張り巡らせた。
誰かがいるのだろうか。いや、そんなはずはない。
Dさんは自分の思考を否定した。ここへ来るには車かバイクが必要であり、もし自分たち以外に来訪者がいるのであれば、彼らの乗り物が道路に駐車されているはずである。
それは、自分たちの頭上——建物の二階からだった。

ピシャ……。ピシャ……。

濡れた重みのある固形物が、コンクリートの壁にへばり付く音が聞こえる。
水に濡らしたタオルを壁に叩き付けるような音だとDさんは思った。

ピシャ……。ピシャ……。ピシャ……。

間違いない。それは確実にこちらへ向かって近付いて来ていた。

「聞こえる……」

Dさんは呟いた。手に持った懐中電灯がカタカタと小刻みに震えている。

その時だった。

突然、前列にいる友人が前を向いたまま後ろ手に腕をこちらへと伸ばし、Dさんの左腕をぐいと掴んだ。

「逃げるな」

「……えっ？」

「いいから逃げるな」

前列の友人は俯いたまま震える声を絞り出している。

「どうしたんだよ」

不安に駆られてDさんは訊いた。

Dさんの腕を掴む手の力がぐっと強まった。

「上……」

友人は息を漏らすようにそう言うと、右手の人差し指をゆっくりと上にあげた。

その直後。

頭上から、ピシャ……ピシャ……と鈍い音がした。

すぐ上に何かがいる。

Dさんは天井を見上げた。

「ぎぁあああああああっ！」

その場にいた四人は、堰《せき》を切ったように逃げ出した。

Dさんも振り返ることなく瓦礫の散乱する廊下を走った。懐中電灯の光が暴れるように動き回り、素材の剥がれ落ちた壁を上下左右に照らしている。頭の中は真っ白だった。とりあえずこの廃墟から脱出しないといけない。背後から「ピシャ……ピシャ……」という音が追い掛けて来る。周りの友人に気を取られている余裕はなかった。おそらく他の友人も皆そうだったに違いない。出口の扉に全員が殺到し、肩をぶつけ合うようにして外に飛び出した。

冷たい夜風の中をガサガサと草叢《くさむら》を踏み鳴らしてDさんたちは逃げた。

廃校から三十メートルほど離れた場所――雑草に覆われた平地でDさんたちはやっと足を止め、全員で顔を見合わせた。

「見たか？」

「……見た。俺も見た」

全員が息を荒げながら、自分が見たものを言い合った。それは誰も望んでいない答え合わせのような儀式だったが、誰しもが自分の見たものを確認せざるを得なかった。

Dさんが見たもの——天井にいたのは、泥だらけの女だった。

泥に塗《まみ》れて汚れた服を着た女が、蜘蛛のように天井にへばり付いていた。

その女は首だけをぐるりと下に向けて、こちらを見ていた。

その目は黄色く濁っており、顔の皮膚は紫色に変色していたという。

全員の証言は、一致していた。

「お前、なんで『逃げるな』って言ったんだ?」

Dさんが前列を歩いていた友人に訊いた。

「あの時、天井に何かがいると気付いたんだよ。でも俺、足がすくんで動けなくなると思ったんだ。俺だけ置いて逃げられると、怖いだろ……」

そう語る友人の顔は、恐怖に慄《おのの》いていた。

ススキが風に靡《なび》いている。

夜の風が、急に冷たくなったように感じた。

Dさんは、それでも自分の見たものが信じられなかったという。受け入れられないという方が適切な表現かも知れない。あれはきっと見間違いだ――。そう心の中で自分に言い聞かせていた。

道路に停めてあるバイクまで歩いている時、Dさんはふと後ろを振り返った。夜の中にそびえ立つ漆黒の廃墟がそこにある。Dさんはおもむろに足元にあった小石を拾うと、廃墟へ向かって投げつけた。小石は空に向かって飛んで行き、闇に消えた。その直後、ひゅうという轟音と共に突風が吹いた。ザザザッとあたり一面のススキを薙《な》ぎ倒すように強風が通り抜ける。重い風圧が、Dさんたちの間を過ぎ去って行った。

「早く帰ろう」

皆、逃げるようにその場を去った。

「この話、これで終わらないんです……」

ここまで話し終えたDさんは、缶ビールを飲み干した。全員が固唾《かたず》を呑んで彼の話に耳を傾けている。焚き火の炎が、少し弱まっていた。

「その後、何かあったんですか?」と、私は訊いた。

その後——家に帰った後、怖くてすぐに布団に入ったんですよ。親はもう寝ていて家の中は暗かったから、なんとなく怖くなって。布団に入って目を閉じていたんですが、なかなか眠れなかったんですよね。そしたら、突然何かが体の上に覆い被さってきたんです。あまりに突然のことだったので、びっくりして目を開けたら、暗闇に目が二つあったんですよ。誰かが自分の上にいて、俺の顔を覗き込んでいるんです。しかもそれ、なぜか目の周りだけがぼうっと浮かび上がるように見えたんですよね。

本当に恐ろしくて——。

うわっと叫んで飛び起きたんですが、その時にはもう誰もいなかったんですよ。もちろん部屋の電気を全部点けました。誰もいません。あの廃校から、幽霊を連れて来てしまったのかと思ったんですが——。

そういうわけでもないかも知れない、と思ったんです。

なんて言うか、とても違和感を感じて。

普通に考えたら、廃校からあの幽霊が付いて来たと思いますよね？

でも違うんです。あの幽霊が付いて来たわけではないんです。

だから、もしこの話を怪談噺《ばなし》にするようなら、この部分はカットしてもらって全然いいんですけど……。

でも、やっぱりあれは――。

あの時寝ている自分を見ていた目は、廃校で見た幽霊のものではないんです。

あれは、俺自身の目でした。

――自分の目が、自分のことをじっと視ていたんです。

Dさんはこの出来事を、廃校に同行した友人らには話していない。

今もなぜか、このことだけは言ってはいけないような気がして、友人らには言えないでいるという。

実験

由美さんは、昔からオカルトに興味があった。

すべてを盲信しているというわけではないが、人知を超えた不可思議な話や、超常現象と呼ばれる出来事について、より強く心を惹かれた時期があったという。

それは数年前のこと。

東京都内で一人暮らしをしていた由美さんは、ある雑誌で目にした「ＵＦＯの呼び方」というものを試そうとしたという。小さな部屋のベランダで、雑誌に書いてあった通りの方法を実践してみた。その後、しばらく空を見上げていたが、ＵＦＯらしき光どころかなんの変化もない。元々そこまで信じきっていたわけではないので、由美さんは「そう簡単にはいかないよね」と呟くと、その日は早々に寝ることにした。

由美さんが布団に入って数分後。

暗い部屋の中で突然、強い光が目の前に現れた。眩しくて目が開けられない。

由美さんは、ゆっくりと目を細めながら部屋の中を見た。

すると部屋の中には、強烈な光を発する円盤のようなものが浮遊していた。

想像していたＵＦＯとは少し違う。そもそもＵＦＯが部屋の中に収まるサイズ感であるというイメージは、彼女の中にはなかった。

円盤は、なおも強い光を放ち、空中に浮いている。

そこで初めて由美さんは恐怖を感じた。ぎゅっと目を瞑《つぶ》る。

すると、自分の右耳のすぐ傍で、

――ねえねえ。

と、声がした。

それは、小さな子どもの声だった。

「うわっ！」

由美さんは声を上げると、飛び起きた。

布団に入ったのはつい数分前だったはずだが、窓の外ではすでに朝日が昇っており、明るい陽の光が部屋の中に差し込んでいたという。

濃霧

霧の日には、今でもあの日のことを思い出すと云う。
白い靄《もや》に覆われた公園。
硬い土の地面の上を、自転車で走っている。
枯れた木々が、朦朧《もうろう》とした霧の中に浮かんでいた。
近付くとそのシルエットは徐々に鮮明になり、通り過ぎてゆく。
冷たい空気。白い絵具を水に溶かしたような淡い色彩。
古い遊具が忘れ去られたように佇んでいる。
幻想的な光景ではあるが、どこか悪夢の中にいるような不安を誘う。
——それは、Aさんが小学生の頃だったそうだ。

土曜日。

その日は朝から空手道場の稽古があった。Aさんは友人とその道場に通っており、毎週土曜の午前は練習に汗を流していた。昼に稽古が終わり、Aさんは友人と自転車で帰路についていた。帰り道には大きな公園の中を通る。

その日は朝から霧が発生していた。

公園の中は見渡す限り白く、視界が悪い。

霧の奥から、黒い人影がこちらに向かって歩いてくるのが見えた。

それは、作業着に青いジーンズを穿いた男だった。

「あの人、どうしたんだろう?」

Aさんは思わず呟いてしまった。男の左肩がカクカクと上下に動いている。まるで壊れた機械のようだ。その男は足を引き摺るように歩いていた。

自転車が進むに連れて、男との距離は徐々に縮まってゆく。

そのジーンズは無残にもボロボロに破れていた。左足の足首は後ろ側に捻れており、足の甲はずるずると地面に擦り付けられている。男性は左手を脇腹にあてがっており、その手の下には大量の血液が滲んでいた。

もう一方の手は力なくだらりと垂れ下がり、その指からは、ぽたぽたと血が流れ落ちている。上半身の作業着にも所々に大きな損傷があった。

「この人、怪我してる」

Aさんの自転車は、その男の横を通り過ぎた。

そしてその時Aさんは、はっきり見たと云う。

男の顔の半分は潰れており、砕かれた骨と肉塊《にくかい》になっていた。

陥没した頭蓋骨の奥は、黒い血液に塗《まみ》れている。

片目がぐるりと動き、Aさんの顔を見た。

その目は、怒りや悲しみというよりも、困惑に満ちているように思えた。「どうして俺はこんな姿になっているんだ？」と、こちらに向かって訴えかけているようだった。

Aさんは驚きのあまり息を呑んだ。隣にいる友人には、何も見えていないようだ。

無言のまま早足で自転車を漕ぎ、その場を去った。

その日の夜。

Aさんは眠れずにいた。

公園で見た男の顔が、記憶にこびり付いている。

間違いなく生きている人間ではない。

――あれは幽霊だったのだろうか。

受け入れがたい話だが、見たことはまぎれもない事実である。そしてそれ以上にAさんを悩ませたのは、「その男の顔に見覚えがあった」ということだ。

――あれは、一体誰だろう？

しばらくの間、Aさんはその顔を思い出せずにいた。身近にいる大人だろうか。近所の人を順番に思い浮かべたが、思い当たる人はいない。学校の先生、よく行くコンビニの店員、空手道場に来る父兄、通学路でよくすれ違う人――。次々と思い起こしてみるが、やはり誰でもない。しかし、確実に見覚えのある顔だった。

そして夜も深くなった頃。Aさんは思い出した。

「あれは、N君のお父さんだ……」

同級生のN君は、小さい頃からよく遊んでいる仲の良い友人である。彼の父親はトラックの運転手をしていた。とても優しい人で、N君の家に遊びに行った時には、一緒に遊んでくれたこともたくさんあった。

N君の父親が高速道路で追突事故に遭い、亡くなっていたことを知ったのは、次の週の月曜日のことである。

その日、N君は学校を休んでいたが、授業の前に先生が教えてくれた。

その事故があった時刻は、先週の土曜日の昼。

ちょうどAさんが、公園を自転車で走っていた時である。

霧の中、N君の父親が足を引き摺りながら向かおうとしていた方角は、N君の家がある方向だった。

——N君のお父さんは、最後に家族の元へと帰りたかったのだろうか。

幽霊を見た時、恐怖よりもどこか悲しくて寂しい感情が心の中にふっと湧き上がった理由が、Aさんにはわかったような気がした。

点滴

「三時二十分……」

小さな声で父が呟いた。

「なんですか？　お父さん」

薄暗い病室のベッドの傍で、白い無精髭《ぶしょうひげ》を生やした父の顔を見ながら言った。

医師が言うには、父の命はもう長くないそうだ。入院して一か月近くになる。いくつかの病室を転々としたが、ここが最後の部屋になりそうだった。

時刻は夕方。父の様子を見に、病院を訪れた時のことである。

「三時二十分だ……」

かすれた声で、父は言葉を続ける。

「……夜中、三時二十分に、点滴を打ちに来る」

体力が著しく衰えているせいか、呂律《ろれつ》が回っていない。

その言葉を聞き逃さないよう、父の顔に耳を近付けた。

「どういうことですか？　お父さん。三時二十分に検査でもあるんですか？」

定期的な診察は昼間に行っており、点滴も日中に行うはずである。

真夜中に病室でわざわざ点滴をするという話は聞いていない。

「三時二十分に……」

父の唇は震えていた。

そして父はゆっくりと息を吸うと、気怠《けだる》そうに吐き出しながら言った。


——あの女が、点滴を打ちに来る。

帰り際、病院の廊下で父の病室を担当している看護師に会った。
「夜中に点滴の予定でもあるんですか」と尋ねると、看護師は少し怪訝《けげん》な顔をしながら、
そんな予定はないと言う。
やはり父は何か勘違いをしているのだろうか。

「わかりました。今日はこちらで失礼します」

軽く頭を下げてその場を去ろうとした時、看護師が「すいません」と呼び止めた。

「なんでしょう？」

「今夜は、ご自宅におられます？」

「はい。自宅にはおりますが」

「そうですか……」

看護師は、少し言葉を詰まらせたようだった。

「どうかされましたか？」

「いえ、ただ……今夜は携帯電話を手元に置いておいてください」

看護師はそう言うと、頭を下げて去って行った。


父が死亡したという電話が入ったのは、真夜中だった。

枕元に携帯電話を置いていなかったら、着信音に気付かなかったかも知れない。

電話を掛けてくれたのは、病院の廊下で話をした看護師だった。

——死亡時刻は、三時二十分だったという。

この話は、タクシー運転手をしている江藤さんという方の体験談である。

「あの病院には、今でも点滴を打ちに来る女がいるんでしょうかねえ?」

手慣れた運転で夜の街を走りながら、江藤さんはそんな話を聞かせてくれた。

目撃

美紀さんが、京都の大学に通っていた頃のこと。

親しい友達と朝まで遊んだ帰りに、家までの道を一人で歩いていた。

美紀さんの住むアパートは、京都市内にある。実家から大学へは通えない距離でもなかったのだが、一人暮らしに憧れていた彼女は親に頼み込み、大学進学とともに小さなアパートの一室を借りた。

その日は明け方まで、久しぶりに友人と歓談を楽しみ、上機嫌だったという。早朝のひと気のない住宅街の路地を進み、いくつかの角を曲がると、家の前の道へ出た。

「あれ、なんだろう……?」

美紀さんがふと前を見ると、自分の住むアパートの正面の道路に、大きな布の塊《かたまり》が捨てられている。それは、道路脇に乱雑に放置されていた。

「誰だろう？　今日はゴミの日じゃないのに」

視線を道路の先へと向けると、一台の軽トラックが停まっている。

そこへ向かって走る若い男性の後ろ姿が見えた。男性は慌てた様子で軽トラックに乗り込むと、バタンとドアを閉めた。軽トラックは、エンジン音の唸りを上げ、凄いスピードで走り去って行った。

あのトラックが、ゴミを投棄して行ったのだろうか。

そう思いながら再び目線を布の塊へと戻した時、彼女は驚きのあまり絶句した。

それは、布ではなかった。

「……人？」

道路の脇に横たわっていたのは、灰色の服を着た老人だった。

よく見ると、アスファルトには大量の血溜まりが広がっている。

老人の衣類は、ボロボロに傷つけられていた。片足が異様な角度に曲がっている。潰された胴体は歪《いびつ》に凹《へこ》み、その部分が黒く滲んでいた。

白髪の頭部から、赤黒い血が流れている。

「轢き逃げだ！」

状況を把握した美紀さんは慌てて携帯電話を手に取ると、警察へ通報した。

第一発見者として警官から細かく話を訊かれたが、それよりも自分のアパートの前で老人が命を落としたということがとてもショックだったという。


一週間後。

警察から、犯人が逮捕されたという連絡があった。美紀さんの目撃証言は、轢き逃げ犯の車種を割り出すのに役立てられたという。

そして、その日の深夜。

美紀さんが布団に入り、眠りに落ちようとしていた時。

暗い部屋の中で、妙な物音がした。

――コッ、コッ。

玄関のドアからだった。

誰か来たのかと思ったが、時刻は深夜一時を過ぎている。

――コッ、コッ。

その音は、何者かが玄関のドアをノックする音に思えた。

「誰……？」

緊張で体が硬まった。

――不審者だったらどうしよう。警察に通報しなきゃ。

枕元に置いてあった携帯電話を見たが、恐ろしくて動くことができない。

次の瞬間、かちゃりと玄関の鍵が開く音がした。

ぎぎぎぎ……と、ドアがゆっくり開く。誰かが部屋に入ってきている。

――やばい。どうしよう。

暗い室内の空気が、緩やかに動いている気配を感じた。

もしこれが不審者なら、騒ぐと逆上するかも知れない。このまま寝たふりをしておいた方が良いのだろうか。そんなことを考えたが、それ以上に恐怖で体が動かないというのが実状だった。

ゆっくりと、確実に玄関から部屋までの狭い廊下を歩く素足の足音が聞こえる。

美紀さんは恐る恐る目を開けると、音のする方を見た。

壁には、窓から外の街灯の明かりが差し込んでおり、微かな淡い光を放っている。

その壁の前に、黒い人影がゆらゆらと揺れていた。

——それは、あの老人だった。

頭部から頬《ほお》にかけて、血が垂れている。

灰色の服は所々破れており、傷だらけになっていた。

「なんで……」

布団を握り締めながら、受け入れがたい現象に美紀さんは呻《うめ》き声をあげた。

しかしその直後、彼女は複雑な気持ちに襲われた。

その老人が、とても悲しそうな目でこちらを見ていたからだ。

何かを訴えようとしているのだろうか。

ただ、恨みや怒りという感情は、そこには存在していないように思えた。

老人はしばらく佇んだ後、深々と頭を下げた。


「そのおじいさん、きっとお礼が言いたかったんだと思います。もしかしたら、私が警察に電話している時はまだ生きていたのかも知れません」

美紀さんは、私にそう話してくれた。

頭を下げたまま、老人は静かに消えたという。

仮眠

保育士をしているNさんという女性から聞いた話である。

今から二十年ほど前――。保育士として仕事を始めたばかりのNさんは、東京某所の保育園に勤めることになった。そこは、住宅街にある小さな保育園。初めての現場だったため最初はとても緊張していたそうだが、職員の人柄も良く、Nさんはすぐに職場に馴染むことができた。

その保育園では、昼食の後、園児たちの昼寝の時間に入る。子どもたちを寝かし付けた後は、保育士が交代で束の間の休憩時間を取ることになっていた。

廊下の奥に休憩室がある。四畳半の和室で、二人掛けの小さいソファーと座卓があり、床には三つ座布団が置かれていた。

ある日、Nさんがそこで休憩を取っていた時のこと――。

ソファーに腰掛けて仮眠を取ろうと目を瞑っていると、隣の部屋から妙な音が聞こえてきた。

「なんだろう?」

それは、ぼそぼそと誰かが喋っている声だった。

最初は、隣の部屋で職員が打ち合わせでもしているのかとも思ったが、どうも違う。

壁の向こう側では、独り言のように誰かが喋り続けていた。

「もうここにはいられない……」

「……には、気をつけろ。逃げられない」

言葉の端々を微かに聞き取ることができたが、言っている意味はわからない。

その声は、何かに怯えているような、陰鬱《いんうつ》なトーンだった。

気になったNさんは休憩室を出ると、廊下を歩き、声のする隣の部屋へと向かった。

そこには古い扉がある。Nさんは耳を近付けてみた。

——何も聞こえない。

「すいません。誰かいますか?」

「……」

返事はない。

ノックをしたが反応は無かった。

「失礼します」

Nさんは扉を開けた。おそらく長い間、閉じられたままだったのだろう。耳障りな音を立てて、重い扉が開いた。

部屋の中は、真っ暗だった。

埃が舞っている。部屋の手前に幾つかの段ボールが積まれており、その奥には掃除道具や古い遊具が壁に立て掛けられていた。

——誰もいない。

よく見ると、部屋の奥には古い木札のようなものがぽつりと置かれていた。そこには見たこともない文字が書かれている。卒塔婆《そとば》に書かれた梵字《ぼんじ》のようにも見えた。

「どうかしました？」

背後から突然声を掛けられて、Nさんは驚いてしまった。

振り返ると、スタッフの女性職員が立っている。

「すいません。ちょっと気になったもので」

「この部屋、昔は物置にしてたみたいなんだけど、今ではすっかり誰も使わない部屋になっていてね。埃まみれで不衛生だから、いつもは扉を閉じているんですよ」

職員はそう言うと、その部屋の扉をガチャリと閉めて去って行った。

その日以来、Nさんは休憩室で仮眠を取るのが怖くなった。

あの陰鬱な喋り声が、隣の部屋から聞こえてくるからである。

毎日というわけではないが、休憩中にソファーに座って仮眠を取ろうとすると、壁の奥からボソボソとあの声が聞こえる。

もちろん、隣の部屋には誰もいない。

その声を聞くと、得体の知れない恐怖に背筋が凍り付くようになった。


数週間後――。

休憩時間にNさんは、自分の荷物を取りに休憩室へと入った。

すると、ソファーで『鈴木さん』という先輩の女性保育士が仮眠を取っていた。

「お疲れ様です」

Nさんは声を掛けたが、鈴木さんは熟睡しているようだ。

起こさないよう静かに部屋に入り、自分の荷物の元へ向かった時である。

――壁の奥から、ボソボソと喋り声が聞こえ始めた。

「また聞こえる……」

Nさんは、硬直してしまった。隣の部屋には、誰もいるはずがない。

何かの呪いのように、その声は絶え間なく続いている。

――鈴木さんは、気にならないのだろうか。

その声は、徐々に大きくなっている。もしかして隣の部屋にいる何者かは、こちらに気付いているのだろうか。得体の知れない存在感が強まっているように思われた。

鈴木さんは、何事もないかのように首を垂れて眠っている。

――もしかすると、聞こえているのは自分だけなのかも知れない。

そう考えると、ぞっとした。

その時。

鈴木さんが、むくりと起き上がった。

眠そうな目をしたままソファーから立ち上がると、気怠そうに壁際へと向かう。

そして声のする壁の前に立つと、右腕を大きく後ろへ振り被った。

――ドンッ！

彼女は、右手の拳《こぶし》を壁に叩きつけると大声で怒鳴《どな》りつけた。

「お前、うるさいよ！　ゆっくり休めないいじゃないい」

Nさんは驚いて、びくりと身体を震わせてしまった。

「静かにできないの？　いい加減、おとなしくしてなさい！」

鈴木さんはそう言うと、「まったくもう」と呟きながらソファーに戻り、腰掛けた。

――壁の声は、ぴたりと止まっている。

Nさんは、あっけに取られながらその様子を見ていた。

「あの、鈴木さん――。隣の部屋……」

「あ、知ってるから。気にしないで」

彼女はそう言うと、再び仮眠を取り始めた。


Nさんは結局、隣の部屋に何があったのか、わからないままその保育園を辞めたという。一度だけその部屋について、古くから勤めている保育士に訊いたことがあった。しかし、「あの部屋のことは、誰も知らないんです」とはぐらかされてしまったそうだ。

「でも幽霊って、怒鳴りつけると静かになるんですね」

Nさんは、微笑みながら私にそう話してくれた。

既視

「僕、同じ日を二回経験したことがあるんです」

Kさんという男性が聞かせてくれた奇妙な体験談である。

それは、彼が十七歳の頃。ある日曜日の朝、十時頃に目が覚めた。週末は夜更かしをすることが多く、いつもはもっと遅い時間まで寝ているのだが、その日はなぜか自然と目が覚めたという。Kさんはコーヒーでも飲もうと思い、台所へ向かった。家族は朝から出掛けていて家には誰もいない。やかんに水を入れ、コンロに置くと火を点けた。

ガスの音を聞きながら、やかんをしばらく眺めている時に、やっと気が付いた。

「これ、昨日と同じだ……」

この後、玄関の呼び鈴が鳴り宅配便が届く。自分はそれを受け取った後、友人から電話がきて彼の家へ遊びに行く。そしてその後は——。

Kさんはその瞬間、今日これから起こることがすべてわかった。

なぜならそれは、すべて昨日体験したことだからだ。

――そんなことが、本当にあるのだろうか。

そう思っていると、玄関の呼び鈴が鳴った。宅配便の業者だ。

玄関を開けると、宅配業者は、昨日見た人と同じだった。


「気付いた後も、やっぱり昨日と同じことをしたんですか？」

話を聞き終えると、私は彼に尋ねた。

「そうなんです。なぜか無意識に昨日と同じ行動をしているんですよ」

「昨日と違うことをしようとは思わなかったんですか？」

「それが――昨日と違うことをするのが、とてつもなく恐ろしいことに思えたんです。違うことをしようと一瞬だけ考えたのですが、なんていうか――凄く怖くなって」

その日、Kさんは昨日とまったく同じ一日を終えて就寝した。

そして夜が明けると、無事に次の日を迎えることができたと云う。

漁村

Iさんの実家は、日本海側の小さな漁村にあった。

入り江に沿って家屋が立ち並び、各家の前の海には漁船が停泊している。背後には緑の山々が広がっており、湾を囲むように集落が形成されていた。近年はその風光明媚《ふうこうめいび》な景観に惹かれ、観光客も増えつつあるそうだ。Iさんの実家は、その漁村で海沿いの民宿を経営していたという。

彼が小学生の頃。お盆を過ぎた夏休みのある日、友人らと海水浴を楽しんでいた。ただ、海水浴といっても浜辺ではない。桟橋から海に飛び込んで、湾の中を皆で自由に泳ぐというものである。夕方になり、西陽が入り江を紅く染め始めた頃。Iさんは立ち泳ぎをしながらふと自分の家を見た。

二階の窓が開いている。そこは民宿の客室として使用している部屋だった。

——その部屋に見知らぬ女が立っていて、窓から外を眺めている。

「宿泊客かな?」

Iさんはそう思ったが、その日、宿泊客がいたという話は聞いていない。例年お盆を過ぎると客足が途絶える傾向があり、その日も親は暇そうにしていたはずである。

Iさんは家に帰ると、親に宿泊客がいるかを訊いてみた。

「お母さん、今日二階の部屋にお客さん泊まってる?」

「二階の部屋? 誰も使ってないわよ。そんなことより掃除でも手伝いなさい」

案の定、客は一人もいないという。

——あの女、誰だ?

気になったIさんは、二階の部屋へ行くことにした。

扉を開けて部屋に入る。西陽の差し込む和室は、綺麗に掃除されており、窓からは心地よい海風が入り込んでいた。薄手の白いカーテンが静かに揺らいでいる。

——誰もいない。

「確かにここにいたはずなんだけど……」

Iさんは窓際まで行くと、その女が立っていた場所で困惑してしまった。

窓から外を眺めると、美しい夕陽が入り江の向こうに沈みゆくのが見えた。

その時である。

ドンッ！　と背中に強い衝撃を感じ、Iさんは窓の外へと弾かれた。誰かが背中を勢いよく押したのだ。「うわっ」と叫ぶと同時に、彼の上半身は窓から屋外へと弾き出された。窓枠に腹部が押し付けられ、体がくの字に折れた。今にも窓から落下しそうな体勢である。Iさんは必死に両手で窓枠を掴み、落下しないように踏ん張った。

しかし、次の瞬間。

首の後ろを何者かの手が掴み、さらに外へ押し出そうとしてきた。

その手は、異常なまでに冷たかったという。

「うわぁっ！」

Iさんは叫ぶと、その体勢のまま顔を後ろへと向け、背後を見た。

——黒く細長い腕が、自分の首を強い力で押している。その腕は部屋の奥から蛇のように伸びていた。

Iさんは恐怖に駆られ、全力で抵抗した。しかし、その手は力を緩めない。

このままだと落とされる——。そう思った時。

「お前、何してるんだ?」

背後から父親の声がした。

すっと首を押す手の力が消えて、Iさんは転がり込むように部屋の中へ戻ることができた。部屋の入り口に、不思議そうな顔をした父親が立っている。

「危ないじゃないか。落ちたらどうするんだ」

和室には、Iさんと父親しかいない。

「いや、今誰かに背中を押されて……」

必死に説明しようとしたが、父親は信じてくれなかった。

父親が言うには、部屋の前を通り掛かった時に、窓から外に向かって身を乗り出して飛び降りようとするIさんの姿が見えたという。当然、他には誰もいない。

「うちの地元は観光地や海水浴場も近いから、海の事故で亡くなる人もいるんです。実家の民宿にもよく観光客が泊まっていたから、中には亡くなった人がいてもおかしくないんじゃないかな」

Iさんは、そんな話を聞かせてくれた。

斎場

タクシー運転手をしている金田さんは、一度だけ奇妙な体験をしたと云う。

東京某所にあるA斎場の前の道を走っていた時、斎場のエントランスに二人の女性が立っているのが見えた。

一人は喪服の中年女性。もう一人は、緑のワンピースを着た若い女性だった。

喪服の女性が手を上げていたので、タクシーを停めると二人を乗せた。

「M区の△丁目△番までお願いします」

金田さんは、言われた住所へと車を走らせた。後部座席に乗る二人の女性は、会話もなく無言で座っている。十五分ほどして目的地に着いた。そこは、高級住宅街に建つ豪邸の前だった。

「ありがとうございました」

後部座席の左側に座っていた喪服の女性はそう言うと、料金を支払い車を降りた。

しかし、もう一人——緑のワンピースの女性は、座ったまま動かない。

「お客様、着きましたけど」

後ろを向いて金田さんはそう言ったが、女性は何も言わず正面を見ている。「どうかされましたか?」と尋ねたが、女性は微動だにしない。金田さんは何度か声を掛けたが、女性は返事をせず、マネキンのように無表情のまま座っていた。

そうこうしていると、先に降りた喪服の女性が車まで戻ってきた。

「何かあったんですか?」

「いや、お連れさまが降りられないみたいなんですけど」

「お連れさま……?」

「はい、一緒に乗られたお連れさまが、どうかなされたみたいで」

その時、金田さんは気付いた。後部座席に座っている若い女性は、緑のワンピースを着ている。葬式帰りの衣装にしては、少し派手過ぎではないだろうか。

「お連れさまって、誰のこと?」

「いえ、ですから一緒に乗られた方で、こちらに座られている方ですよ」

喪服の女性が、表情を強張《こわば》らせた。

「あなた私のこと、からかってない？」

「いえ。そんなつもりはないんですが……」

「その人、どんな顔してるの？」

「顔――ですか？」

金田さんはおかしいと思いながらも、後部座席に座る若い女性の顔を見ると、その特徴を喪服の女性に伝えた。

「髪が肩まで伸びていて、目は細く鼻が高い人です。目の下にほくろがあって――」

金田さんが戸惑《とまど》いながらその女性の特徴を伝えていると、喪服の女性の表情が見る見る青ざめ始めた。眉間《みけん》に皺《しわ》を寄せながら、険しい目でこちらを見ている。

喪服の女性は少し後ずさると、微かに震える声で言った。

――私、今日その人のお葬式に行ってきたの。

村上ロック

Rock Murakami

俳優として白石晃士監督作品に多数出演。現在は、怪談師として新宿歌舞伎町にある怪談ライブバー・スリラーナイト歌舞伎町に出演。モヒカン頭に学生服という一風変わった出で立ちの語り手。共著に『実話怪談 犬鳴村』。

窒息死

九州地方のある集落で生まれ育ったという四十代半ばの男性。

彼は物心ついた時から仲の良い幼馴染のユウスケ君とタツヤ君との三人で、毎日のように遊んで育ったそうだ。

今から二十数年前、彼が二十歳そこらの頃。

ある日、ユウスケ君から電話がかかってきた。

「悪い……今から何も言わずに俺ん家《ち》に来てくれないか」

「わかった」

何かあったのだろうと二つ返事で引き受けて、ユウスケ君の家に向かうと、

「実はお前に見てもらいたいものがあるんだ」

そう言ってユウスケ君が差し出したのが、一枚の写真だった。

まだ携帯電話が普及する前のこと、今となっては懐かしいインスタントカメラで撮影されたそれに写っていたのは、数日前にユウスケ君の家に遊びに来たタツヤ君の姿。

部屋の真ん中でにっこり笑って、ピースサインをしている。

「……ん？　タツヤが写ってるな。これがどうかしたのか？」

「お前……その写真を見て、何か変だと思わないか」

特にどうということはない。

強いて言えば、タツヤ君の頭の上に白い煙のようなものが写り込んでいるくらいだ。

「なんだこれ？　煙草でも吸ってたのか？」

呑気な男性とは対照的に、困惑したユウスケ君の言葉が続く。

「それ、煙じゃないんだ。お前、もっと顔近づけてよく見てみろよ」

「なんだよ」と言いながら言われた通りにすると、確かにそれは煙などではなかった。

物凄く小さな、白い片仮名の羅列……。

ワタシヨリフコウニナレ　ワタシヨリフコウニナレ　ワタシヨリフコウニナレ　ワタシヨリフコウニナレ　ワタシヨリフコウニナレ……

この文言がびっしりと写し出されているのだ。

驚く男性にユウスケ君が説明するには——。

数日前、遊びに来たタツヤ君を撮影したのだが、何故こんなものが写ったのかがわからない……

心霊スポットと呼ばれるような場所に行った覚えもない……

「ワタシ」ということは女なのか……

いずれにせよ、どうしてよいのかわからないので取り敢えず相談したんだ……と。

しかし、そう言われたところで、この男性にも霊感があるわけでも霊能者の知り合いがいるわけでもない。

しばらく様子を見るしかない、ということでこの日は終わったそうだ。


その三日後……タツヤ君が死んだ。

その日、いつまで経っても部屋から出て来ない息子を心配した母親が様子を見に行くと、タツヤ君が部屋の真ん中で大の字で仰向けに倒れていた。

その時点で心肺停止、すぐに救急車を呼んで病院に搬送されたが、そこで死亡が確認されたとのこと。

病院から下された死因は「窒息死」。

しかし遺体には、首を絞められた痕もなければ喉に何か詰まっていたわけでもない。

部屋の真ん中で大の字で倒れ窒息死……はっきりしているのはそれだけなのだ。

幼馴染の一人が亡くなった、その事実にこの男性もユウスケ君も非常に強いショックを受けたそうだ。

何故こんなことになったのか……もしかしたらあの写真が原因なのか。

ユウスケ君の葬儀の帰り道に、二人で泣きながらそんな話をした。

しかし結局なんの手立てもないまま、さらに五日後……。


ユウスケ君も死んだ。

やはりタツヤ君と同様、部屋の真ん中で大の字で倒れており、下された死因は「窒息死」だった。

この話を聞かせてくれた男性は、青ざめた顔で最後にこう締めくくった。

「その写真の存在を知っているのは僕と、ユウスケとタツヤの三人だけなんです。僕が最後の生き残りなんです。でも、僕もいつかあの二人と同じように部屋の真ん中で大の字で窒息死するんじゃないか、そう考えるとね……本当に怖くて仕方ないんです……」

誕生日

二十年ほど前、専門学校生だった私の同級生に変わった生徒がいた。

「たかし」という名のその男を奇妙だと思ったのは、入学初日のことだ。

自己紹介をして互いに名前を名乗ったのだが、彼は自分の名前「たかし」がうまく言えない。

「…たけ…し」と恐る恐る言った後、ハッとして「あ、たかし…！」と言い直す。

自分の名前を噛むのだ。

普段の会話の中では、特に言葉を噛むということはない。決まって自分の名前を名乗る時だけなのだ。

それだけであればどうということもないのだが、決定的だったのは彼の誕生日の時だった。

その日の放課後、クラスで仲の良い男連中四、五人が、たかしのアパートに詰めかけた。いつもの飲み会を装いつつ、頃合いを見計らって「誕生日おめでとう！」とやる。サプライズに、当の本人も驚いた表情を見せつつも喜んでいるようだ。

準備の良いメンバーが予《あらかじ》め用意していたバースデーケーキを取り出し、ロウソクを立て火を灯す。

「おおっ！」と歓声が上がり、いざ火を吹き消すという段になり、仲間の一人が部屋の電気を消そうと立ち上がった時だ。

「あ、俺、このままでいいよ」

あっけらかんとした声でたかしが言う。

「え？　部屋が明るいままだと、せっかく火を消すのに雰囲気出ないだろ？」

「いや、俺、明るいままの方がいいんだ」

冗談を言っている風でもない。

じゃあ、お前の好きなようにしろよ、ということで、明るい部屋の中でロウソクの火が吹き消された。

この出来事が後日、仲間内で時折、話題に上がり、皆一様に不思議に思っていたのだが、ある日その理由を知ることとなった。

グループ内で一番のお調子者の中山君が、たかし本人から聞き出した話だ……。

たかしが小学校三年生の誕生日、仲の良い同級生を数人招待して誕生パーティを開いた。

お母さんが買ってきたケーキが登場すると、子供たちはわっと喜ぶ。

しかし同級生の一人がケーキを指差し、

「あれ？　これたかし君のケーキじゃない？」

見るとケーキの上に乗っているチョコレートの板、そこには「お誕生日おめでとう」と書かれてあるのだが、その名前の部分が「たけし君」になっているのだ。

あっ！　本当だ！　と子供たちはキャッキャと囃し立てるが、ケーキを買ってきたお母さんは「確かに確認したのに」と首を傾げている。

しかし、まあ味が変わるわけではないのだからと気を取り直し、ケーキにロウソクを立て火を灯し、部屋の電気を消す。

たかしが肺いっぱいに吸い込んだ空気を、ロウソクに向けて吹きかけた。

だが一本だけロウソクが消えずに残ってしまった。

あ、もう一度だと思い、再び息を吸い込んだ時だった。

一本のロウソクの灯りの向こうに見える、同級生の男の子と女の子の顔——その間にもう一人いる。だが、それが誰なのか判別できない。

表情が見えない——どころか、いうなれば、それは真っ黒なシルエットなのだ。

体格からすると、子供だということだけはわかる。

アレ？　と思いながらも、たかしは吸い込んだ空気を吐き出した。と同時に、室内は真っ暗な闇となった。

「お誕生日おめでとう！」

同級生たちの祝いの言葉が聞こえた直後、部屋には再び電気が点き、改めて正面の同級生たちを見るが、もちろん変わった様子などない。

その晩、自室で寝ていたたかしの上に、突然ドスッと何かが覆い被さった。

咄嗟に、ロウソクの向こうにいたアイツだ、と思い、目を開けて自分の身体の上を見ると……やはりそこには黒い何かがいた。

怖いとはなぜか思わなかった。しかし、いくら目を凝らしてもそれが黒いということ以外、わからなかった。そこからの記憶はない。

気づけば翌日だった。そしてその日以来、彼は自分の名前が「たかし」だったのか「たけし」だったのか、名乗る時に一瞬混乱するようになってしまった。

そして、あの黒い何かも、毎年誕生日になると決まって現れてはその晩、たかしの上に覆い被さってくる。

ただ変化してきているのは、年を追うごとにその黒い何かの顔の中に、パーツが増えていくことだ。翌年には目が現れた。その次の年には歯が……。

そのうち自分の誕生日を祝っているのか、アイツを祝っているのか、わからなくなってきた。ある年に、ロウソクを吹き消す時に電気を点けたままにしたところ、アイツは現れなくなった。それ以来、そうしている……と。

そんな話を聞いてから月日は流れ、十数年後……。

専門学校卒業後、当時の同級生たちとはすっかり疎遠になっていた私だったが、ある日、中山君と再会した。都内の居酒屋で当時の思い出話に花を咲かせる中でふと、たかしの話題が出た。

「たかし、今どうしてるのかな？」

そう言うと、中山君があっ！　と思い出したように言った。

「俺、何年か前、たかしに会ったよ」

偶然、打合せ先のある駅前でたかしと出会い、そのまま近所の喫茶店に行ったという。

たかしはその街でサラリーマンをしていると言った。

懐かしいなあと談笑するうちに、あの誕生日の夜の話になった。からかい半分で、「まだ誕生日には電気点けっ放しか？」と尋ねたところ、

「いや。あれ、もう大丈夫なんだ」

と嬉しそうに、たかしは話し始めた。


専門学校卒業後しばらくして、たかしの父親が亡くなったのだという。

実家に戻って葬儀を済ませた後、実家の傍にある物置小屋の整理をすることにした。

その時に、小屋の一番奥にあるものを見つけた。

真っ黒に焼け焦げた子供サイズのマネキン……それを見た途端、ある記憶が蘇った。

たかしが小学校に入学した年の夏休みのことだ。

その日、遊びに来ていた二歳年上の従兄《いとこ》と一緒に近所の、以前に火事で全焼した一軒

家の焼け跡を見に行った。

死傷者はなかったので、さほど陰惨な風ではなかったが、すべて焼け焦げて壁と柱だけのその建物跡に、なぜか焼け焦げたマネキンが一体残っていた。

そのマネキンを指さして従兄が笑いながら言った。

「おい！　あれ、たかしそっくりだな！」

当時のたかしは真っ黒に日に焼けていた。

「たかし、あれの横に立ってみろよ」

そう言われてマネキンの横に並んでみると、背丈もぴったり一緒なのだ。

「まるでたかしが二人いるみたいだな！　じゃあ、お前がたかしで、あのマネキンはたけしだ！」そう言って二人で腹を抱えて笑った。

しかしその後、そのマネキンを家に持ち帰ったという記憶は一切ない。

ただ自分の家の物置小屋にその姿を見つけた時、怖いという気持ちよりも懐かしさが湧いてきた。

「お前だったのか……毎年俺の誕生日に出てきてたのは。よし、わかった……これからもここに居ていいよ。その代わりもう誕生日には出てくるなよ」

そう心の中で語りかけてからというもの、あの黒い影は現れないのだという。

「へえ、じゃあもう安心だな」と私が言った時だった。

「いや、そうでもないんだ……」

一瞬で中山君の表情が曇った。

「俺さ、その話をたかしから聞かされてる時、すげー気持ち悪くってさ」

喫茶店で向かいに座るたかしが話し終わったあたりから、時折、キィッ、キィッと妙な音がする。

「最初、たかしが歯ぎしりでもしてるのかと思ったんだけど、そうじゃないんだよ。あいつが腕を曲げたりするとさ、関節の辺りから、キィッって木が擦れるような音がするんだ。俺、段々気持ち悪くなってきてさ……」

喫茶店を出た後、駅前で別れたそうだが、その際に握手をしたという。

改札に入ってホームに上がるところで、中山君は自分の手を見てびっくりした。

「手のひら、煤《すす》が付いて真っ黒になっていたんだよ。俺が会ったの……たかしだったのかな……それともたけしだったのかな……」

伊藤さん

私の両親の昔からの友人で、伊藤さんという男性がいる。もう六十代後半になっただろうか。北海道の片田舎でペンションを経営するオーナーだ。

非常に元気な方で、真っ黒に日に焼け、いつも冗談ばかり言っている。

私も子供の頃からこの伊藤さんが大好きで、ある時母親に「僕も伊藤さんみたいな大人になりたいな」と言ったことがある。

しかし、それに対する母の反応は意外なものであった。

「伊藤さんってああ見えて、昔は大変だったのよ……」

今から三十数年前のこと。

当時、伊藤さんは東京でとある広告代理店の営業の仕事をしていたそうだ。

バブル景気で日本中が盛り上がっていた頃。その中にあって広告代理店といえば花形稼業であり、おまけに営業の成績もトップである。

すべてが順風満帆だった。

その年の夏のある日。伊藤さんは上司に呼ばれた。

「伊藤君、君、仕事頑張ってくれてて有難いんだけど、大丈夫か？　最近休んでないだろ？　たまには休み取ってリフレッシュするのもいいものだぞ」

そう言えばそうだ。このところ、まともに休んだ記憶がない。有給も随分と溜まっている。伊藤さんは久しぶりに一週間の休暇を取った。

貴重な一週間をどう使おうかと考えたが、答えはすぐに出た。

伊豆だ。以前から行ってみたいと思っていたがまだ行ったことがない。都会の喧騒から離れて田舎でのんびりしよう。

連休初日、駅に行き伊豆へ向かう電車に乗り込んだ途端、おや？　と思った。

自分以外に乗客は三人しか居ない。夏休み時期である。

家族連れでごった返しているだろうと腹を括《くく》っていたのに、拍子抜けしてしまう。

平日だと意外とこんなものかと思って、窓側の席に座った。

東京を出て一時間も経つと、窓の外の風景がどんどんのどかになっていく。

そのうち、窓の向こうには見事な田園風景が広がった。

こんな景色を求めていたのだ。目の前の田園のさらに向こうには土手が一本ずっと続いている。

その土手の辺りをぼんやり眺めていると――土手の向こうから人の頭が見えた。

誰かが駆け上ってきているのだ。

土手の上に立ったのは、小学生くらいの男の子だった。坊主頭でランニングシャツを着て半ズボンを穿いている。

その子がこっちに向かって、声こそ聞こえないが「おーい！」と手を振る。

こちらは電車の窓から見ているのだ。その景色は一瞬で後方に消えていった。

しかし、その一瞬が堪らなく嬉しかった。都会を離れるだけで子供の様子まで違うのか――まるで自分の子供の頃のようだ。

それから数秒後だった。

また土手の向こうから誰かが駆け上ってくる。立ったのはさっきの子だ。

またこちらに向かって手を振り、次の瞬間、後方に消えていく……。

え？　さっきの子だよな。でも、おかしいよな。こっちは電車で走ってるのにどうやって追いついてきたんだ？

そんな疑問をよそに数秒後、またも土手の向こうから駆け上がってくる頭が見えた。

途端、悪寒が走った。

「あの……」

突然、伊藤さんの背後から声がしたので振り返ると、白いシャツにカンカン帽を被った七十代くらいの男性が立っている。

「あの、あなた、さっきから窓の外見てますよね。ほら、向こうに土手が見えるでしょ、あの土手の向こうからね、そのうち男の子が一人上ってくるんですよ。その子、こっちに向かって手を振るんで、あなたもよかったら手、振ってあげたらどうです？」

まったく見知らぬ老人がニコニコしながらそんなことを言う。

「いえ、僕、いいです……」

伊藤さんが愛想笑いしながら、顔の前で左手をイヤイヤという風に振った時だった。

老人が伊藤さんの左手首をガッと掴んだ。

ギョッとした。その握力もさることながら、その手の冷たさに、だ。

思わず力任せにその手を振りほどく。老人に対し少々乱暴だったかと思い、気まずさから再び、窓の外へ視線を移す。

丁度その時、乗っている電車はカーブに差し掛かっていた。

窓の外には先頭車両が弧を描いて走っているのが見える。その向かう先にトンネルの入り口が見えた時だった。

だめだ！

突然湧き上がってきた不安感。自分でも何故かはわからない。ただ、絶対にあのトンネルに入ってはいけない。

ガタンと席を立ち、背後の老人を突き飛ばすように通路に出た。

居ない。さっきまで確かに居たはずの自分以外の三人の乗客が、どこにも居ない。

あの人たち、どこに行ったんだろう。

そんなことを考えているうちにも、電車は次第にトンネルに近づいていく。

思わず後ろの車両に向かって駆け出していた。

こんなことをしても、どうなるものでもないのはわかっている。しかし他に選択肢もないのだ。

後方車両の扉をガラッと開けた。誰もいない。

ただ無人の車両の中で、吊革だけがぶらーんぶらーんと揺れている。

「なんだこれ……」

さらに奥の車両へと走り、扉をガラッと開けるが…そこにも人の姿はなかった。

そこが最後の車両で、それ以上どこにも逃げ場がない。

やがて先頭車両から順に吸い込まれるようにトンネルに入って行き、最後の車両もトンネルの闇の中にふっと包まれた瞬間……。

ハッと思い出した。

「あ、そうだ……俺、旅行になんか来てない。俺、首吊ってたんだ」

瞬間的にあらゆる記憶が蘇ってくる。

会社で営業の成績なんてまったく良くなかった。毎日上司から責められ、それが辛くなってその日帰ってきた後、天井からロープを吊るし、その先端に作った輪に首を通し、今まさに足元の椅子を蹴り倒したところ……。

首にロープが食い込み、目が充血してせり出してきているのが自分でもわかった。

嫌だ！　死にたくない！　あのトンネルにだけは、絶対に入りたくない！

そう思うと力が湧いてきた。首に食い込むロープにグッと指を入れ、力任せに引き伸ばすと一気に頭のてっぺんまで引き抜いた。

が、落ちない。本来なら、これで自分の体は下に落ちるはずである。

それどころか首に食い込む苦しさも変わらない。一体どうなってるんだ。

伊藤さんが血走った目で天井を見上げると、上半身だけの逆さまになったさっきの老人と子供が、両方から両手で首を絞め上げている。

思わず「うわ！」と声にならない声を上げた時、男の子が伊藤さんの顔をじっと見つめて言った。

「おーい」

その声は子供の声ではなかった。低く、くぐもったような大人の声……。

意識が遠のきかけた時だった。

玄関から「ピンポーン」とチャイムの音が聞こえる。

と同時に老人と男の子がフッと消え失せ、そのまま床にドスンと尻餅をつく。

呼吸もままならない、しかし死にたくないという一心で何とか玄関まで這って行き、ようやくドアを開けてみると、そこに立っていたのはお隣さんだった。

毎朝出かける時にすれ違い「おはようございます」と、一言挨拶を交わすだけの、自分と同世代位のサラリーマン風の男性だ。

男性が心配そうに、へたり込んでいる伊藤さんを見下ろしている。

「あの、大丈夫ですか？　僕、最近あなたを見かける度、顔色が悪いんで心配してたんです。でね、こんなこと言うと変に思うかもしれないんですが、僕、霊感があって……さっき帰って来た時、あなたの部屋の前に良くないモノが二体、立ってるの見ちゃったんです。それがそのまま部屋に入って行ったから大丈夫かなと思って……」

そう言いながら男性は、玄関先から部屋の奥を覗き込んだ。そして、天井から下がったロープを見たのだろう。

「あぁ、やっぱりだ。首吊ろうとしてたんですね。あの、何があったのか知らないですけど……どうか生きてください！」

それだけ言うと男性は帰って行った。

ドアがバタンと閉まった途端、涙が溢れた。

もちろん、自分の命が助かったという安堵感もある。しかしそれ以上に、毎日一言、挨拶を交わすだけの他人が自分を見ていてくれた。それが心底嬉しかった。

この出来事をきっかけに、心の中で踏ん切りが付いた伊藤さんは会社を辞めた。

そして、生まれ故郷の北海道に帰ってから、それまで本当にしてみたかったペンションのオーナーをしているのだそうだ。

留守番電話

数年前のことだ。ある晩、スリラーナイトに来られた二十代前半くらいの男女カップルのお客様がいた。

丁度ステージの正面席に座った二人に向けて怪談を語り始めたのだが——始めてすぐに、この男性が相当に怪談を好きなのがわかった。女性の方は怖いのか、終始縮こまって俯いていているのに対し、男性は満面の笑みで私の怪談に頷いている。

怪談ライブが終わり、二人の席に伺ってみると案の定だった。

「僕、とにかく怪談が好きなんです！」

男性は嬉々《きき》として言う。

「そうでしたか。じゃあ、もしかしてご自身でもそういった体験が？」

水を向けると「いえ、僕、こんなに怪談好きなのにそういった心霊体験って一度もないんです。だからね、僕一度そういう体験してみたいなあって思ってるんです」

目を輝かせている。

「あ、ただね、僕一度だけ気味の悪い体験したことはあるんです。といってもこれ、別に幽霊だとか怪談ってわけじゃないんですけど——自分の使ってる携帯電話に、ある日知らないお婆ちゃんから留守電が入ってたことがあるんです。あれ、ちょっと気持ち悪かったんです。でも、こう言ったってロックさんはピンと来ないですよね？」

この男性の思惑とは裏腹に、私は、ああ、確かにな……と思った。

というのも、私にも似たような体験があるのだ。


今から二十数年前。当時、携帯電話やＰＨＳが一気に普及した時期であり、私も携帯電話を購入した。その年の秋のことである。

その日の夕方、携帯電話を確認すると留守電が一件入っている。

再生してみると、まったく聞き覚えのない声が聞こえてきた。

声の感じからすると七十代から八十代くらいの女性である。

「あきお、あんた今日何時に帰ってくるの？　早く帰って来なさいね」

それだけ言うとブツッと切れた。

この留守電を聴いてまず思うのは、間違い電話だろうということだ。

おそらく年老いた母親が自分の息子にかけているつもりなのだろう。母親の歳を考えれば、息子も五、六十代といったところか。

正直、こちらからかけ直すのも面倒に思ったので、そのまま放っておいた。

一年後、また同じ時期である。あの老婆から留守電が入っていた。

「あきお、あんた今日何時に帰ってくるの？　夕飯作ってるんだから早く帰って来なさいね」

二度目にして私はようやく、ああ、そういうことかと気づいた。

現在はどうか知らないが、その当時、例えば自分の携帯電話を解約すると、その電話番号を今度はまったく知らない人間が使うということがあったのだ。

つまり、息子が携帯電話を解約したことを知らずに、その母親がかけてきてしまっているのだ。

それにしても、息子も電話番号が変わったと一言教えてやればよいものを。そうは思うものの、結局その年もかけ直すことはしなかった。

そしてその翌年。やはり同じ時期に、例の留守電が入っていた。

「あきお、あんた今日何時に帰ってくるの？　夕飯作ってるんだから早く帰って来なさいね――今日あんたの命日なんだから」

血の気が引いた……。

しかしこの留守電はここで終わっていなかった。

「あなた……この留守電聞いてるんでしょ？　これ聞いてたら、あきおに伝えてください……」

おそらく、この息子は何年も前に亡くなっているのだろう。

それを知りつつ、息子の命日になると母親が電話をかけてきているのだ。

そして最後に言った「あきおに伝えてください」というのは、裏を返せば「あなたも死んでください」ということなのか……。

しかしこのエピソードは、幽霊や怪談といった類ではない。むしろ人間の怖い話として、時折、話してきたのだ。

この留守電の話を若いカップルに伝えたところ、聞き終わった直後に男性が、

「それ、マジっすか？」

顔をしかめて訊いてきた。

「ええ、本当です。僕が十九、二十歳の頃に本当にあったことなんです」

そう私が答え終わる前に、

「いや、そうじゃなくて、そのお婆ちゃん、あきおって言ってたんですよね？　僕にかかってきた留守電もあきおって言ってたんです」

思わず絶句した。その時だった。

「あの……」と、ふと声のした方を見ると、カップルから少し離れた席に座っている二人の女性客のうちの一人が手を挙げている。

「あの、すいません。今のお話、聞こえてたんですけど……その留守電、私にもかかってきたことあるんです」

一体どういうことなのか。私にかかってきたのは二十数年前、男性は五年前、女性は三年前のことだという……。

時期はバラバラだが共通しているのは、その留守電で老婆は「あきお」と言う。

仮にこの老婆が同一人物だったとして、一体何歳なのだろう。百歳を超えている可能能性だってある。

そしてこの夜、偶然スリラーナイトに居合わせた人間のうち三人が同じ体験をしている。偶然だとしても途方もない確率だろう。

もしかして私が二十数年間、生きた人間だと思っていた老婆は、この世のものではなかったというのか。

しかし妙なもので、心底怪談の好きな人間にとってはこの手の展開は堪らないものらしい。男性のお客様も女性のお客様も「いやぁ、本当にこんなことってあるんですね！」と興奮した様子である。

それから二日後のことであった。

例のカップルの男性の方が再び来店された。

しかし、一昨日《おととい》とは違い表情が暗い。もしやと思い「何かありましたか?」と尋ねると心底困ったという顔で、

「あれ、ちょっとまずいですね……」

と言う。

二日前の晩、スリラーナイトを後にしたこの男性、自宅に帰りいざ寝ようと部屋の明かりを消した途端、件の老婆の事を思い返し、流石に怖くなったそうだ。

寝付けない……。

そうこうしているうちに、ようやく外が明るくなってきた。

明るくなれば怖いものではない。そう思うと眠りに落ちた。

何時間寝たのか――おそらく昼近くだろう。

ふと眠りから覚めた。まだ目を閉じたままで布団の中で伸びをする。

その時だった。気配を感じる。今、自分が寝ているこの部屋の中に、自分以外の何者かの気配がある。

恐怖から目を開けることができない。

どうやら何者かは、自分をじっと見下ろしているようだ。

ふいに声が聞こえる。

「ねえ、寝てるの？」

それは年老いた女性の声だった。

限界だった。

思わず目を開ける。するとそこに立っていたのは……なんのことはない、彼の祖母だったという。

拍子抜けもいいところだ。

「なんだ！　お祖母《ばあ》ちゃんだったんですか！　じゃあよかったじゃないですか」

笑いながら私が返すと、彼は強張った表情のまま、

「いえ、よくないんですよ……だって僕、一人暮らしなんです」

彼の祖母は遠く離れた実家で両親と暮らしているそうだ。

しかし、問題はそこではない。

居ないはずのお祖母ちゃんが居ることが問題なのではないと言うのだ。

「僕のお祖母ちゃんね、操り人形みたいに両肩が上がっていたんです。で、垂れた両手をブラブラ揺すりながら、ねえ、寝てるの？　って言うんです。でもね、お祖母ちゃん、口がまったく動いてないんですよ」

恐怖に固まる彼の目の前に居る祖母。その背後から、見知らぬ白髪頭の老婆がヒョイと顔を出し、

「ねえ、寝てるの？」

そう言っていやらしく笑った。

次の瞬間、彼は意識を失ったそうだ。

「ホラー映画なんかで怖い場面で気絶するっていう描写ありますけど……あれ、本当なんですね」

彼は力なく呟いた。

籠

三十代のある女性。彼女が小学三年生の頃の出来事だ。

彼女は一人っ子で、両親との三人暮らし。父親はサラリーマンで、母親は不動産関係の仕事をしていた。

共働きだったが、当時家族で住んでいた家が、かなり老朽化の進んだ古い家だった。

母親は口癖のように「どこかいい家が見つかったら越したいわね」と言っていたそうだ。

そんなある日。母親が仕事で物件のリストを捲っていると、見事に条件の合った家を見つけた。

決して新しくはないが、二階建ての一軒家。値段も非常に手頃だし、何より母親の職場にとても近い。

「ここしかない！　ここにしましょう！」

すぐさま決めて、早々に家族揃ってその家に越したのだという。

しかし、越したその日から母親の様子がおかしい。

暇さえあれば家の一か所をじっと見つめている。彼女も子供ながら気になって、どうしたのかと訊ねると、

「いや、この家……なんだか変なのよね」

母親は辺りをしきりに見渡しながら、そう呟くだけだった。


そんなことが続いていたが、この家に越して数週間が経った頃。

その日も彼女が夕方学校から帰ってくると、母親は一階の廊下の突き当たりの壁の前に立ち正面の壁をじっと見つめている。

夕飯の支度の途中だったのだろう、台所から鍋のグツグツいう音が聞こえる。

堪らず彼女が「ねえ！　お母さん！」と、言いかけた時だった。

母親の顔がゆっくりと上を向いていく。真上の天井を見たかと思うとそこを指さし、

「あ、ここだ……この上、何かあるわよ……」

そう言うと、リビングから椅子を持ってきてその上に立ち、指先で天井板をトントン、トントン……と叩いていく。

コンッ……ある瞬間、音が変わった。

妙に音が軽い。まさに先程、母親が指をさした辺りだ。

グッと指先に力を入れて天井板を押すと、持ち上がった。四十センチ四方の正方形に切り取られた天井板の一部がずれ、その奥に天井裏の暗闇が覗いている。

懐中電灯を持ってきて天井裏を照らすと、ぎっしり積もった埃の中にそれはあった。

一抱えほどの籐《とう》で編んだ楕円形の籠《かご》だ。

それを見つけた途端、母親は嬉しそうに声を上げる。

「これよこれ！　これだったのね！」

そう言いながら、籠の両端に付いている取手に手をかけた時だ。

「ぎゃっ！」

母親の悲鳴が響いた。

「どうしたの！」と彼女が声をかけると、母親はその籠を持ったまま真っ青な顔で椅子の上で立ち竦《すく》んで、そして震える声で言う。

「お母さんね……今、この籠を掴んだ瞬間に、頭に映像が浮かんだの」

母親が見た映像というのが、この籠の中に三十センチほどの布でぐるぐる巻かれた状態の楕円形の塊《かたまり》が入っていたという。

それと同時に今まで嗅いだこともないような、嫌な臭いを感じた……と。

籠には何もない。なんの臭いもしない。

ただ、籠の内側にほんの僅かだが白い粉がついていた。それだけだった。

しかしそれ以降、母親の籠に対する執着は異常なものとなり、

「この籠には何か秘密がある……この家そのものにも関係している気がする」

と言い出し、近所の家々を回って聞き込みを始めたという。

この家にはどんな人が住んでいたか？　そう尋ねて回ると、近所の人たちは口々に答えた。

ほとんど近所付き合いはなかったが、住んでいたのはどこにでも居そうなサラリーマン風の旦那さんとその奥さんだったと――。

「ただ、あのご夫婦、夜逃げじゃないかな…」

というのが、ある時期から近所で旦那さんの姿を見かけなくなり、最初は「単身赴任

かしら？」と噂していたそうだが、そのうち奥さんの方も見かけなくなったそうで、もしかしたら借金でも作って夜逃げしたのではと囁かれるようになった。

しかし、それを聞いても母親はまだ納得しなかった。

「そんなことじゃない……この家にはもっと深い……何かがある」

遂に籠を持って最寄りの警察署に行き、担当した警察官に籠を見つけた経緯などを話した。しかし、まともに取り合ってはもらえず、籠だけ預けてきたという。

しかし翌日、今度は警察署から呼び出された。

行ってみると、昨日対応してくれたのとは違う警察官がいる。

「奥さん、ちょっと調査にご協力ください」

目の前に数種類のガラス製のシャーレを用意し「この中にそれぞれ、ある特定の臭いのサンプルが入っている。それを端から嗅いでもらって、もし嗅いだのと同じ臭いがあればそれを教えて欲しい」と言われた。

わかりましたと母親がそれを端から嗅いでいくと、あの日嗅いだのと同じ臭いがあった。

「これです、この臭いです！」

そう言うと警察官はじっと母親の目を見つめ、間違いないかと念を押す。

「間違いないです、この臭いです！　え？　この臭いってなんですか？」

警察官は険しい表情のまま、

「奥さん、落ち着いてきいてくださいよ。それは腐乱死体を石膏で包んだ臭いです」

そう聞いた瞬間、母親の脳裏にまたフッと二つの映像が浮かんだ。

最初に見えた映像――おそらく以前に住んでいた夫婦の奥さんだろうと直感で思った。その女性のシルエットなのだが、お腹の辺りがふっくら大きい。

そして次に見えた映像――その女性の両手に産まれたばかりの赤ん坊がいる。

この二つの映像を見た時、かつてあの家で何が起こったのかがわかった気がした。

以前に住んでいた夫婦の奥さんは、あの家で赤ん坊を産んでいる。そしてどんな理由があったのかわからないが、その子を亡くしたのか……それとも、自らの手で殺めたのか。

どちらにせよ、その死を届け出ることもなく、日々腐りゆく我が子の遺体を石膏で包み、さらに布でぐるぐる巻きにしてあの籠に置いていたのだ。

ちなみに警察が何故この調査をしたかというと、籠の内側に僅かに付いていた白い粉が石膏の粉だとわかり、もしかしてということでそのサンプルを作ったとのこと。

その後、以前の夫婦に関して捜索願が出されているかもわからないし、事件に発展したかも不明である。

とはいえ母親は、そんなことを知ってしまってはこの家に住む気になれず、ほどなくして家族はまた別の家に越したという。

越した後、母親は彼女にこう言ったそうだ。

「あの家って、あれだけじゃないわよ……探せばあの家のどこかに、いなくなった旦那さんの遺体も隠されてるわよ」

東京都内のある一軒家だそうだ。

シークエンスはやとも

Hayatomo Sequence

一九九一年、東京生まれ。お笑い芸人。殺人の目撃をきっかけに、幼少期から現在に至るまでさまざまなお化けを毎日のように見てきた男。著書に『ヤバい生き霊』『霊が教える幸せな生き方』。

守護霊

引っ越しがやっと完了した。生まれ育った岡山から東京への移動がやっと終わり、部屋も狭かったおかげで荷解きもすんなり終了した。

田舎ならもっと広い家に住めて、もっと空気の良い場所で暮らせただろう。でも、僕はそれでも東京に来たかった。

田舎を飛び出して、無限に可能性が広がるこのコンクリートジャングルで自分のやりたいことをやって、夢を見つけたかったのだ。

親父も〝やるなら納得行くまでやってこい〟と気持ちよく送り出してくれた。僕の人生はきっとここから始まるんだ。

新居は都心部からは少し遠いけれども、贅沢は言っていられない。

地元から渋谷に行くまでの時間を考えれば目と鼻の先である。これから僕は東京都民になっていくんだ。

甘くはなかった。十八歳の男が働けるバイト先はどこも低賃金なところばかりで、家賃と光熱費と携帯代だけで殆ど金が潰えてしまう。

夢など追える余裕はすっかりなくなっていた。

バイト先には五、六歳ほど年上の男の人も沢山働いているが、皆バンドマンだったりお笑い芸人だったり浪人生だったりとそれぞれ夢を追いかけている人ばかりだが、どの先輩もバイト漬けで自分の夢などには全く集中できていないそうだ。

僕にはまだ夢すら見つかっていない。これから東京で色んな体験をして、自分の世界を広げて、夢を見つけようという僕に対し、東京は冷たかった。

加えて僕にはもう一つ、悩みの種があった。

僕の家にはお化けが出るのだ。

夜になるとラップ現象が始まり、パチンパチンと壁から音が鳴り始めたり、電気が急に点滅したり、終いには、トイレに入っている最中部屋から、

「ねぇ」

という女の声が聞こえたりもした。

大家さんに聞いたが、特に事故物件などでは無いそうだ。でも、にしてはあまりにも怪奇現象が起きすぎている。でも、事故物件ではないの一点張り。

東京に相談する相手もいない僕は仕方なく、毎晩その心霊現象に耐える日々が続いた。

いくつかバイト先を転々とし、一先ずコンビニのバイトで落ち着いた。店長も良い人でシフトの融通も効くし、給料こそ安いが居心地は良かった。作業も単純で、考え事をするのには丁度良い環境だった。

構成作家になるという夢を見つけた。以前バイト先が同じだったお笑い芸人の先輩から作家さんという仕事について話を聞き、演者ではなくても影で笑いや感動を作り上げるプロフェッショナルが存在することを教えて貰った僕は、常に自分ならではのアイデアを想像するようになったため、考え事をする時間が長く取れるこのバイト先は僕にとって比較的良い環境であることは間違いない。

先輩は具体的に自分の才能の証明の仕方も教えてくれた。一つはラジオのハガキ投稿だ。

今はもうメールだが、ラジオのコーナーにメールを送り、面白ければ採用、毎放送採用されるほどの実力があれば出演者や作り手に名前を覚えてもらえ、ごく稀にだが番組側が引き抜きをする可能性もあるそう。

なんと夢のある話だろう。僕は夜な夜な芸人さんのラジオを聴きまくり、何度も何度もメールを送った。だが、なかなか採用されない。

読まれるメールは僕が書いたものより何倍も面白く、ちゃんと場の空気感や流れに沿った内容のものばかり。僕のメールなんて読まれなくて至極当然である。

まだ足りない、僕の実力じゃ。もっと面白いこと、もっと卓越した発想を送らなければ。

でも、僕が夜自宅で深く考えられないのには理由があった。

心霊現象である。

僕が考え始めると部屋で音が鳴り始め、僕が考え始めると電気が消える。

目を瞑《つむ》って集中しようとすると耳元で、

「ねぇ」

と声がする。

まったく集中できたものではない。寧《むし》ろバイト中の方がまだ集中して考えやすい。

しかし今日は日曜日、一週間で最も楽しみにしている有吉さんのラジオの日だ。

今日こそは必ず読んで貰いたい。お昼から沢山考えて、シミュレーションして、準備は万端。

いよいよ番組が始まった。よし、集中しようと思ったその時、台所に置いてあったグラスが一つ落下し、金属とぶつかり合う音が恐ろしいほど部屋中に響き渡り、僕の集中の糸は完全に途切れた。

「ふざけるな！　毎晩毎晩僕の邪魔ばっかりしやがって！　いい加減静かにしやがれ‼」

するとピタリと音は止み、部屋にはラジオの音声だけが鳴り響いている。

無音なわけじゃないのに、ここに引っ越してきて一番の静けさが僕にやってきた。

ピリリリリ――

突然僕の携帯電話が鳴った。父からの電話だった。

「もしもし。お前、ちゃんと母さんに手合わせてるのか？」

東京に引っ越してきてからの半年、俺は忙しさにかまけて仏壇すらろくに用意していなかった。

僕が四歳の時、母さんは死んだ。交通事故だった。

優しくて愛情いっぱいの母さん、というのは親父伝いに聞いている話で、実際はお袋の記憶など僕には殆どない。だけど微かに記憶にある母さんはとても優しくて、笑顔が素敵な人だった。

東京に引っ越してきて割とすぐに母さんの命日を迎えていた。にもかかわらず、僕は新生活の忙しさにかまけて写真すら飾っていなかった。

もしかしたら、息子の記憶から自分が消えかかっていることを寂しく思った母が、思い出して欲しくって沢山怪奇現象を起こしていたのかもしれない。

そう考えた僕は、押し入れにしまったダンボールから母さんの写真を取り出し、机の上に飾り、手を合わせた。

(母さん、不安にさせてごめん。これからは毎日母さんの写真を見て、絶対に忘れないために沢山母さんのこと思い出すからね)

その夜から怪奇現象はピタリと起こらなくなった。

ラップ音も電球のチカチカも止み、ラジオに集中できる毎日が続いた。

たまにズッと何かがズレるような鈍い音は聞こえるが、昔の現象に比べれば気になるものでもない。

それどころか、あれから僕のメールがラジオで読み上げられるようになったのだ。

もちろん一週間、ほぼすべてのラジオに出し続けて一つ読み上げられるかどうかだが――確かに採用されるようになってきたのだ。

もしかすると母さんが僕のことを応援し、守ってくれているのかもしれない。記憶の彼方にいる母さんがまた僕のもとにやって来て見守ってくれているのかもしれない。

ありがとう母さん、それに親父。

心残りなのは母さんの「ねぇ」という声まで聞こえなくなってしまったことだ。

でもきっと、もう気がついてもらわなくても大丈夫になったからだろう。でも、せっかくならまた声が聞きたいかな。

心霊現象だからって無闇に怖がっていいわけじゃないことを知った。人間はいつか亡くなるんだから、死人全員が敵ってわけじゃないし、恐怖の存在ってわけでもない。

彼らにだって伝えたいことがあるし、思いや意思がある。寂しかったり、気づいて欲しかったり。だから向き合うことが大切なんだ。わからないからと言って怖がって相手を悪者にしてしまったら、あまりにも可哀そう。それにちゃんと向き合えば、もしかするとその人は自分にとってとても大事な人かもしれない。

人と向き合ったり、わかり合うには時間がかかるのと同じで、死人とわかり合うことにも時間がかかる。だけど僕は、自宅にいた霊と向き合えたことによって、人生が前に進んだ。もしかすると、霊と向き合えたからこそ、人が面白いと思うことも理解ができて、メールも読んでもらえるようになったのかもしれない。

兎にも角にも僕は、この家に引っ越して来て本当によかった。自分にとって大切な存在を思い出させてくれて、そしてその人がすぐ近くにいることを気付かせてくれて、本当にありがとう。

ズドン
大きく鈍い音が鳴り響いたその瞬間、部屋の書籍を置いてある大きな棚の下敷きに僕はなっていた。身体中が痛いし、うまく呼吸ができない。

仰向けに寝ていた僕の首から下に向かって倒れて来た棚は、僕の体に激しく叩きつけられた。重量は恐らく、僕の体重の倍以上はある。そりゃ痛いはずだ。

（あぁ、俺どうなるんだろう。母さん、助けて）

そんなことを考えている僕の目の前に、一人の女性が現れた。

母さんなのか？　部屋が暗くてシルエットしか見えないが、髪の長い女性だってことはわかる。

（母さんだよね、母さん助けて）

女性はゆっくりとこちらに近づいて来て顔が僕の目の前までやって来た。

あぁ、僕は何もわかっていなかったんだ。

「ねぇ、私がお母さんに見える？」

モテ期

人生は初めから決まった線の上を歩いているらしい。

納得だ、納得しかない。だって、そうじゃなきゃ納得いかないことが多すぎる。

ドラマや映画で見るカッコいい男たちの振る舞いやファッションや髪型も真似して、体型だってそこそこ普通を維持できる様に食生活も気をつけているのに、間もなく二十二歳を迎えるこの人生で俺は一度もモテたことがない！

俺よりデブで彼女がいる奴もいる、俺よりチビで女遊びしている奴がいる、無茶苦茶ブサイクなクセしてヤンキーってだけで同級生一の美女と付き合っている奴もいる。

納得できないことしかないが、すべての人生が決められた線の上で動いているのならこれらのことにも納得がいく。つまり、努力や存在は空虚なものなのだ。

奇跡は存在しない。

大学生も、就活が終わるとただのフリーターと一緒だ。寧ろ就活前に貯金していた組はただただ遊び呆ける毎日が続く。俺もその一人だ。モテないと言えど、たまに一緒につるむ仲間（女もいる）くらいはいる。ただ、どいつも既に彼氏彼女がいて、俺はと言えば恋愛の対象にならないそうだ。はいそーですか。

たまにつるむ六人で肝試しに行くことになった。なんでも最近、若くて超美人の女が酔った挙句、車に跳ね飛ばされ自動販売機に激突して亡くなった場所が俺の家の比較的すぐ近くにあるらしい。その女は生前、伝説と呼ばれるほどの人気を博した風俗嬢だったそうだ。死ぬ前に一度会いたかったなぁ。

事故が起きてから、夜になるとその自販機の近くで、女性の悲痛な声で、

「足りないな～、まだ足りてないな～」

という声が聞こえるらしい。その声に振り向いてしまったものは……。

そんな噂を聞きつけて、俺たち暇な大学生が行かないわけがない。駅で集合した俺達は友達が乗ってきた車に乗り込み、事故現場へと向かった。

少し山道を登った、ひと気のない交差点。確かに心霊スポットっぽくはあるが、こん

なところを夜女が一人で歩いていたのかと考えると疑問に感じる。

だがまぁそんなことはどうでもいい。今は大学生活最後の思い出を作ろう。

路肩に車を停めて、懐中電灯を取り出し、皆で一塊《いっかい》になって動き始めた。もちろん女子は俺の横には来ない。だが、そんなことは気にならないくらい怖い。

これだけ一丸となっているのに恐怖を感じるなんて、思ってもみなかった。背筋が凍る。

道の先にはまだ修繕されていないボロボロの自動販売機があり、その前に立つと後ろから女の声が聞こえるそうだ。そんなわけがないことはわかってはいるが、足がすくむ。

見た瞬間に女子の一人が悲鳴を上げ、皆で大騒ぎになった。皆で笑った。でも、俺だけは笑えなかった。何故だかその自動販売機から目が離せなくなってしまったのだ。

「なんだお前、ビビってんのか？」

仲間からそう言われた俺は返事すら出来なかった。恐怖というよりは、自分の気がそこから動かせなくなり、固定されたような感覚だ。俺は一人、無意識にその自動販売機へと歩き始めていた。

「おい、強がんなって！」

そんな声も無視して、ズンズン自販機へ進んでいく。とうとう目の前までたどり着いた。割れたガラスには血がついており、正面は内側に向かって大きく裂けていて、その隙間から覗く闇はどこまでも深く続いているような気がした。今にも吸い込まれそうで、俺はそこから目が離せなくなった。

「何してんだよ！　早く戻って来いって‼」

もう俺には、友達の存在が目に入っていないし、その声すら聞こえていない。だって、その裂けた闇の先には明らかにこちらを見つめる誰かが存在していて、〝それ〟から目が離せなくなってしまったから。

思わずその闇の方へと歩き出そうとした瞬間、後ろから、

「足りないなぁ、足りてないなぁ」

という声が耳元で聞こえた。俺はパンパンに勃起したままその場で気を失った。

ポツポツと細かい穴の空いた天井、見覚えがある、病院だ。俺はどうやら気を失い、緊急搬送されてしまったようだ。あぁ、せっかくの思い出づくりの時間だったのに、迷惑かけちゃって、みっともないことしちまった。

だが、この部屋には妙に違和感がある。

そう、女の匂いで充満しているのだ。ふと横を見ると、一緒に心霊スポットに行った女子三人が全員、並んで座っている。

「大丈夫？」

「急に倒れたからマジでびっくりしたんだよ」

「ずっとつきっきりだったんだから、バイト代くらい欲しいわね」

そう言いながら三人は楽しそうに笑った。

なんだこれ。おかしい、明らかに今までの現実と違う反応をこいつらはしている。

確かに友達ではあるが、つきっきりで心配するほど俺に興味や関心があったのかと言えば決してそうではない。むしろ、グループの中では俺は女子から若干ハブられていて、この三人の誰とも二人っきりで飯すら行ったことがない。なのにこの反応は、どう考えてもおかしい。

「ちょっと飲み物買ってくるね」

「あたしバイトバックれちゃってるから、電話してくる！」

こうして二人が出ていき、一人の女と二人きりになった。みきちゃんという、俺らのグループの中では二番目に顔が可愛く、スタイルは一番エロい子だ。いつも遊んでいる仲なのにドキドキする……。

「なんかさ、初めて二人きりだからドキドキするね」

あ⁉　たまたま二人になったタイミングなんか、今までいくらでもあったろ！　なんで急にそんなこと言ってくるんだよ！　心臓飛び出しそうだろ！

返す言葉がない俺とみきちゃんは暫く見つめ合い、時が止まったように感じた。

そしてみきちゃんは、ベッドの上に置かれた俺の右手をそっと握りしめ、若干顔をこちらに近づけてきて笑った。

すると出ていた二人が戻ってくる声が聞こえ、みきちゃんは何事もなかったかのような顔でそっと元の位置に戻った。それからは楽しい時間が流れたが、俺の心臓のドキドキが止まることはなかった。

体調には特に問題もなく、目を覚ましたその日に俺は退院することができた。そして俺はそのまま、みきちゃんの家へと向かった。

みきちゃんからＬＩＮＥがあったのだ。

「一人じゃシンドイだろうから、よかったら今日は家に来てもいいからね」

それから返事を送って、俺はその夜、本当にみきちゃんの家に泊まることになった。

駅に着くと改札の前ではみきちゃんが待っていてくれた。こんなに可愛かったっけ？　そのまま二人で七分くらい歩いた。みきちゃんはずっと、俺の体調を心配してくれている。

家に着くとすぐいい匂いがした。とても女の子っぽい匂いで、そこにいるだけで興奮が止まらなくなってしまう。

一人暮らしの大学生の狭い部屋の中で俺たちは並んで飯を食った。美味しいかと聞かれれば、味など覚えていないのが正直なところだ。

飯を食べ終えると彼女は僕の前にちょこんと座り、何気ない話をしてからそっと俺の方にもたれかかってきた。

死にそうだ死にそうだ死にそうだ幸せだ。

その夜、俺は初めて、女を知った。今やっと理解できた、みきちゃんはずっと俺のことが好きだったんだ。もっと早くに気づいていればよかったのになぁ、幸せだ。

俺は全然わかっていなかった。

あれから俺はみきちゃんと付き合うことになったのだが、それから間もなくして仲良しグループのあとの二人にもアプローチをされた。ただただ舞い上がってしまった俺だが、彼女のことは何より大事なのでしっかりと断った。だがそれでもアプローチが止むことはなく、とうとう俺はどちらとも関係を持ってしまった。関係を持ってしまっただなんて言葉を、俺が使う日が来るとは思わなかった。

だが俺の快進撃はまだ終わりではなかった。バイト先の話したこともない女から突然LINEがきた、しかも二人から。内容は似たようなもので、どちらも個人的な飯の誘いだった。もちろん俺はどちらとも飯に行き、それぞれと出会った夜に関係をもった。

それからも時々、そんなことが続いた。俺の人生にやっと〝モテ期〟がやってきたのだ。女性と繋がることでこんなに人生が輝くのかと思うと、なんて今まで損をしていたのかと嘆き、そして諦めかけた今、やっと運が巡ってきたことに歓喜した。

でも、女性と関係を持てば持つほど、ある女性の声が俺の頭を過《よ》ぎった。

『足りないなぁ、足りてないなぁ』

ある夜、バイト先の女の子とシテいたら違和感を感じた。向こうがあまり気持ち良さそうではなかったのだ。俺はいつもと変わらない。一体何があったのだろう。

「なんかあった?」

「ううん、特になんでもないよ」

そう言うと彼女は寝てしまい、それから二度と連絡が返ってくることはなくなった。

その子だけならまだよかったのだが、それ以外の子からも極端に連絡が途絶え始めたのだ。

『足りないなぁ、足りてないなぁ』

ある日家に帰ると、俺の彼女は違う男と寝ていた。俺はさすがにブチギレてしまい、荷物をまとめ家を出て行った。その夜は一人で漫喫に泊まった。

『足りないなぁ、足りてないなぁ』

電車で大学に向かう途中、前に立っている女の尻に釘付けになった俺。かた時も目を離すことができなくなった俺は、気づけばその尻に手を伸ばして握りしめていた。

駅に着いた瞬間、駅員に取り押さえられた俺はこれでもかというくらい暴れ回ったが、それが余計に罪を重くし、俺は暫く出てくることができなくなってしまった。

その時また、俺の頭を過ぎる声がした。

『足りないなぁ、足りてないなぁ』

あぁ、いつからだろう。頭を過ぎるこの声が女性の声ではなく、俺の声に変わってしまった瞬間は。

メッセージ

「大好きです」

この言葉が現れるだけで、心臓が喜び始めてしまう。

生まれてこの方モテたことなど一度もない、そんな僕が、趣味のボードゲームを解説するＹｏｕＴｕｂｅチャンネルがヒットするとは思ってもみなかった。

爆発的人気とまでは行かないが、十分に飯が食えるくらいの収益にはなっているし、ファンの方々から送られてくるメッセージが心地よかった。

「いつもわかりやすいです」

「ハッキリ言ってくれるところが素敵だと思います」

「的確で見やすいです」

そんな称賛の言葉は心地よかったが、何より僕の心に響くメッセージがあった。

それは、

「大好きです」

誰にも言われたことがなかった。

人生で、そんな言葉を僕にかけてくれる人は一人もいなかった。この言葉がこんなに心に響き、残るものだなんて思ってもみなかった。こんな言葉は中高生のやり取りの一つで、脳味噌が砂糖で湧いてる馬鹿しか口に出さない言葉だと思っていた。

でも、彼女の言葉は真実だった。生配信の時に何より伝わってくる。

他の連中は「新作のボドゲはいつ発売ですかね?」「○○のルールが分かりづらいので詳しく説明を」など、独りよがりで自分が訊きたいことを押しつけてくるばかり。

会話のキャッチボールすらできていない。でもそんな中、彼女は、

「ダーク系のイメージのボドゲは照明暗くして見るのも良きです」

「テロップの色は枠だけ変えて中身をボドゲと揃えると統一感が出るかもです!」

常に参考になり、僕の立場になって考えてくれるコメントを入れてくれる。それが何より心に刺さって、つい生配信では彼女とばかり話してしまう。

他の連中は「質問答えてよ〜」「ひいきしてない?」「全然コメント読まねえじゃん」

などと、自分の目線でわがままなコメントばかり。

だがそんなことはどうでも良い。僕は彼女と話せればそれでいいのだ。何より僕を思い、考えたコメントをくれる彼女がいてくれれば幸せなのだ。

そして配信終了間際、必ず彼女は最後に、

「大好きです」

とコメントを残してくれる。

これが、愛というものなのかもしれない。

ＹｏｕＴｕｂｅだけでは収入に不安が出始めた僕は、他の媒体にまで進出し始めた。

ネット系の媒体は連携が取れやすく、ＹｏｕＴｕｂｅから誘導もしやすい。

だが、そのどれにもついてくるファンはあまりいない。ＹｏｕＴｕｂｅは無料の媒体であるがゆえに登録者も伸びやすいが、それ以外のネット媒体は有料登録やコンテンツ販売を主とするものが多いため、誘導までは出来ても利益を産むまでには至りづらい。

それどころか、有料コンテンツを出し始めた瞬間に誹謗中傷の嵐なのだ。

「金に目が眩んだか」「調子に乗り始めましたね」「そういうやり口をする方だとは思いませんでした」……

別に僕は、適当なものを提供しているつもりはない。寧ろ有料の方はより良いコンテンツを発信しているつもりである。

だが彼らは、その中身を見ることもなく、金銭が発生するだけで中傷を始めるのだ。自分のやっていることが間違っているとは思わない。でも、流石にここまで言葉で追い詰められると、精神は切迫して来てしまっていた。

しかし、それでも僕が心折れることなく、新しいことをやり始められるのには理由があった。

彼女だ。僕の発信するすべての媒体に彼女は顔を出し、足を踏み入れ、常に共に考えてくれた。

「もっと広く認識があるキャラなどに例えながら紹介すると、家族向けに人気が出ますよ」「有料のコンテンツではダメな部分をもっとハッキリ言うと次回も購入したくなります」「ＹｏｕＴｕｂｅで有料部分の一部を紹介出ししたりすると興味を引きやすいですよ！」

そして最後にはいつも。

「大好きです」

そのすべてが、もはや僕には愛おしかった。ネットの中で生きる僕の人生にとって今、彼女がすべてだった。

人気も安定して落ち着きを見せ始めた頃、オフ会を開くことにした。

初めてファンの方々に直接会う機会、特別緊張などはしていなかった。ただ一人を除いては。

彼女がきっと来てくれる。東京か千葉か埼玉か、どこかにはきっと来てくれる。

僕を誰よりも応援してくれている彼女ならきっと、どこかで必ず来てくれる。

だが、僕の思惑は大きく外れた。何度オフ会を開催しても、彼女はやって来なかったのだ。いつどこでどんな内容のものを開催しても、やって来なかったのだ。

わからない。なぜあんなにも応援してくれている彼女がやって来ないのか、僕には理解できない。

正直な話、他のファンの方が何者かなんてどうでもいい。僕が会いたくて知りたいのは彼女だけなのだ。

会いたい会いたい会いたい。

考えれば考えるほど、僕の脳内は彼女のアカウントの顔写真で一杯になっていく。一度も会ったことのない彼女のことで――。

荷物が届いた。送り主はわかっている、彼女だ。先日ＤＭが届き「プレゼントを送りたいから良ければ都合のいい送り先を教えて欲しい」とのことで、迷わず僕は自宅の住所を伝えた、

一度も会ったことのない彼女に。こんなに人を信頼したことはない。

荷物には送り主の住所が記載してあった。一人暮らしの彼女の自宅だ。

お互いが、どのような環境でどのように生活しているのか程度の情報はやり取りできるほどにＤＭを交わしている。思い切って連絡してみた甲斐があった。

でも考えてみれば当然のこと。だって僕らは大好き同士なんだから。

プレゼントの中身は、撮影で使える簡単な小道具や、身につけられるアイテムが何点か。プレゼント一つとっても、彼女は僕の仕事のことを何より考えてくれている。

こんなに深い愛情が他にあるだろうか。

会いたい会いたい会いたい。

ある日、手紙が届いた。大切な人とお別れしたそうだ。まさか彼女に僕以外の特別な

人がいるなんて思ってもみなかったし、まったく知らされていなかった。だがそんなことはどうでもいい。

だって、今こうして知らせてくれたんだから。むしろ、言わなければわからないこの事実を、僕にわざわざ伝えてきたことには必ず意味があるはず。手紙の終わりには、

「これからはあなたの応援に専念しますね」

そう記されてあった。

会いたい会いたい会いたい。

気がつくと僕は、彼女の自宅であろう建物の前にいた。車で片道八時間かかったが、なんの苦でもなかった。むしろ僕は、自分の心臓の音が煩《うるさ》すぎて一秒たりとも落ち着くことができず、驚くほどに時間が経つのが早く感じた。

そして今、心臓の音は最も大きな音を鳴らしている。

この扉の向こうに彼女がいる。インターホンを押せばすぐそこに彼女が待っている。

やっと世界で一番好きなあの子に会える。

僕は震える手でインターホンを押した。

そこからはもう、あまり覚えていない。僕にとってそれ程に幸せな時間だった。彼女

は扉を開けて驚きのあまりすぐ扉を閉めて、僕は慌てて謝罪して、手紙を読んで心配になり、いても立ってもいられなくてここまで来たことを説明して、そしたらゆっくり扉を開けて渋々中に招いてくれて、呆気に取られてて立ちすくんでて、でも表情はどことなく嬉しそうで。そんな彼女を見ているだけで僕は人生最大の幸せを感じて。

初めて見る彼女は想像より何倍も魅力的で、ずっとこの人と一緒にいたい、そんな想いが全身を駆け巡って止まらなくて、全てを彼女にぶつけてしまって。彼女はそれを受け止めてくれて——。

幸せだった。産まれて生きてきたどの瞬間よりも僕は、幸せだった。

「良ければ僕の一番そばで、僕の仕事を支えて欲しい」

「はい」

この時、僕の振動はやっと、落ち着きを取り戻したんだ。これから二人でたくさん積み重ねて育んで、一緒にいる時間を成長させていけることにきっと安心できたんだろうな。

僕が仕事で少し帰宅が遅くなった夜、彼女は自殺していた。

驚きはしなかった。だって、もつれて捩れて絡まった糸の解き方が、もう僕らには分からないことくらい理解できていたから。

僕にとっての理想の彼女は徐々に姿を変えて行き、彼女にとっての理想の僕は、どんどんと崩壊して行ったのだ。

お互いがお互いを減点し、理想に収まらないことに腹を立て、気づけば誰を愛しているのかさえわからなくなっていった。それでも彼女の中で、

「彼は私を愛している」

という思いだけが、支えになっていたのだろう。

確かに、紛れもなく彼女を愛していた。だが、その気持ちの先に自分の死が待っていることも理解できてしまったのだ。だから僕は自分の命を取った。縺れた糸を自分で切り離し、感情を殺したのだ。

それが目に見えて感じられた彼女は声も出さずに激怒し、泣き崩れ、僕の方を見るだけで鬼の形相に変わっていたのだ。

すべてが、僕の責任だった。誰のせいでもなく、僕の。あぁ、よかった。

それから僕のＹｏｕＴｕｂｅは登録者数・再生回数共に急速に成長した。やっていることは以前と変わりない、ただ彼女が〝直接〟一緒に手伝ってくれるようになっただけだ。

でも、それが視聴者には見えないみたいで、送られてくる誹謗中傷も以前より激しく、そして的外れなものばかりになってきた。

きっと、羨ましいんだろうな。だってこいつらは恐らく、人生で誰からも、

「大好きです」

なんて言われたことないんだろうからさ。

霊感

私には霊感がある。幼い頃からずっと霊感がある私は常に霊と隣り合わせの生活を送ってきた。霊がいることなんて当たり前だし、特に怖くもなんともない。でも周りの皆は霊というだけで物凄く怖がる、意味がわからない。

でも霊がいることを証明できるわけでもないし、言いふらすのも意味がないことだとわかっているので、特に誰にも相談することなく私は霊と隣り合わせで生きていく。

これが当たり前になってもう二十三年が経った。

幼少期から子役としてテレビや映画に出演していた私は、今はモデルやネットＣＭの広告塔としてお金を稼いでいる。実働時間の割にはかなりの給料を貰っているし、全国的に有名かと言われればそんなことはないが、一部の子たちからは憧れの的のような存在にはなっている。現にイベントを開催すれば小さい小屋ならすぐに満席になるほどの人気は博している。それに、こうやって解説できるくらいには自分のことを客観視できているつもりだ。客観視出来ない子たちはたとえ一度名を馳せたとしてもその後泥沼へと嵌っていく。アホが生き残れないのは世の常である。

いつもはなんとなく生活して、自分磨きをし、友達や彼と電話でもしながら深夜まで呑んで一日が終わる。家もまぁ広くはないがそこそこ気に入っているし、愛犬のポムたんも超可愛くて私の何よりの癒しになっている。

毎日こんな生活ならば文句はないっちゃないのだが、そういうわけにもいかないのが現実である。多少面倒なことでも仕事には出なければならない。そんな中でも私が最も面倒と感じているのが〝ファンサービス〟だ。イベントやトークライブでは、嫌でもファンと触れ合わなければならない。

別に応援してくれている人たちのことが嫌いなわけではない。ただ、何故だか積極的に絡んでくるファンには妙に変わった人が多く、かつ〝長い〟人が多い。

一人の人間にそんな長い時間を割きたくないのだ、ましてや変わり者に対して。

でも〝はがし〟を付けられるほど有名でもなければ人気もない私が根本としては悪いので、文句も言えない。

明日もイベントだ。憂鬱だけどこれを乗り越えないと自分の評価と信用が下がる。頑張らないと……。

「新発売の化粧品を絡めながら、学生時代の思い出と化粧に目覚めた年齢について」

誰が聞きたいのかわからないけど、こんなことを話してお金になるのならありがたいし、特に大変なわけでもない。問題はトークイベント終わりである。

化粧品を買ってくれたお客様全員との握手会があるのだ。私のことを知らない人もごく僅かいるみたいだが、ほとんどは私のファンだ。その中でも一部の〝長い〟人はとにかく私の前から離れない。でも私はニコニコ笑顔を曇らせることなく最後までやり切る。こういうところは本当に子役をやっていて良かったと思う。私の前に連なる長蛇の列——いつ終わることやら。

………ふと気が付いた。

並んでいるように見えて実は並んでいない、列から少しズレたところで、こちらをジッと見つめる一人の女性がいた。年は五十五、六歳くらいか。私のお客さんにしては少し年齢が高い気がするが、一体誰だろう。

ここで私は気がついた。霊だ。

ここで亡くなった人なのか、誰かに憑いてきた霊なのか。とにかく視界に入るのが鬱陶しい。

一時間と少しが経ち、握手会は無事終わった。ふと目をやると、先ほどの女性はいなくなっていた。やはり誰かに憑いてきた霊だったようだ。

長い一日が終わり、荷物を纏めてタクシーが停まる裏口の駐車場へと向かった。

その途中、視線を感じた。

地下一階への階段を降りている途中、踊り場から振り返ると先ほど列からはみ出していた女性が立っていたのだ。最悪だ、私に憑いてきてしまったのかもしれない。

私が見えていることに気がついたのか、どこで興味を持たれたのか、とにかく運が悪い。完全に取り憑かれる前に早く離れてもらわなければ。

タクシーに乗り込むと自宅へと向かう。お願いだからこの間に取れて！

そんな願いは叶うことは無く、その女性は私の住むマンションの玄関脇に立っていた。

彼女の前を通り過ぎ、私はマンションの中へと入って行った。

取り憑くには段階がある。自分の背後や周辺をうろちょろと滞留する、いわゆる背後霊と呼ばれる状態と、自分の肉体の中に入り意思や考え方に干渉する、いわゆる憑く状態の二段階。もし体の中に入ってしまえば中々取れることがなく、非常に面倒である。なんとかそうなるまでには取り払いたい。

だが、その女性は背後霊でいる時間が非常に長かった。買い物に行こうと思い電車に乗ると目の前の吊革につかまってもたれるようにこちらを見ていたり、エスカレーターを上がっている時には私の真後ろにピッタリとくっついていたり、友達と並んで歩いている時はまるで自分も友人かのように横に並んでいたりと、とにかく私の周りから離れることがなかった。

本当に鬱陶《うっとう》しい。いつも私の視界の中に入ってきて、友達との会話ですら集中できない。

神社に毎日お参りに行ったり、亡くなったお婆ちゃんに夜、手を合わせてお願いしたりと自分でできることを色々試してみたが、彼女は一向に私の前を立ち去らない。

幼少期から霊と隣り合わせで生きてきた私と言えど、流石に疲弊してきてしまった。でも心霊のことなんて誰にも相談できないし、どうせ私以外には見えていないし、一人で何とかするしかなかった。

でも、個人でこれ以上にできることは、もうなかった。

ＣＭ撮影の仕事が入った。と言ってもテレビで流れる大規模なものではなく、ネットの簡易なＣＭなので撮影は一日で終わる。朝から公園とスタジオを行き来し、同じカットを違う角度や演出で何度も撮り直す。同じことを同じテンションでやり切るのは本当に疲れる。加えてさらに疲れる原因がすぐ近くに滞留している。

あの女性だ。

スタジオ内には来ないのだが、公園での撮影の時は常に遠くから私のことを見つめている。守護霊にでもなったつもりなのか？　とにかく私はその女性の顔を見るだけで苛立ちが止まらなくなってしまったのだ。

三回目にまたスタジオから公園へと出てきた時、遠くでスタッフに退いてくれと注意されている彼女の姿があった。ほらみろ、人のことを執拗に付け回し、嫌な思いをさせるからそうやって注意されるのだ。少しは反省しろ。

……注意されている？

そんな筈はない、だって彼女は、あのイベントの時から私に憑いて回っている背後霊なのだから。私以外の人間に、ましてや私以上に、彼女に干渉することなどできるはずがない。なのに、あのスタッフは彼女とやりとりをしている。なぜ？　どうしてそんなことができるの？

中々立ち去らない彼女に痺れを切らした他のスタッフがゾロゾロと集まってきて、全員で注意している。

どうして？　みんな見えているの？　もしかして、霊じゃないの？

だとしたら、関係者用の階段の踊り場にいた時も、私より先に私の家に先回りしていた時も、目の前で吊革につかまっていた時もエスカレーターで後ろにピッタリくっついていた時も、友達と一緒に横並びで歩いていた時も、お風呂上がりに寝室の前に立っていた時も……。

ある夜、お風呂から上がると寝室の前に彼女が立っていて、そのまま私が眠る様を見下ろしていたことがあった。背後霊なのだから、そんな日があっても仕方がないと思い納得してしまっていたが、もし彼女が生きていたのだとしたら……

背筋が凍った。彼女は私の家の中にまで入ってきているのだ。

騒動が起きている方に再び目をやると、彼女は立ち去るところだった。

待って！　その人はストーカーで、不法侵入までしてるの、その人を捕まえて‼

慌ててその場のスタッフに言うと、

「やっぱりファンの人でしたか、変な人でしたもん。撮影中なんでって言ってもずっと、俺の女なんだ、俺がそばにいても問題ないだろって言い張るんで、警察呼びますよ！っ て言ったら慌てて立ち去って。本当に、変な〝男〟でしたよ」

……男？

私が妊娠していることに気がついたのは、それから二か月経ってからのことだった。

徳光正行

Masayuki Tokumitsu

神奈川県茅ヶ崎市生まれ。テレビ、ラジオ、イベントの司会などで活躍しながら二世タレントとしての地位を築く。著書に『伝説になった男～三沢光春という人～』、「怪談手帖」シリーズ、『冥界恐怖譚 鳥肌』他、岩井志麻子との共著『凶鳴怪談』など。

開かずの部屋

昨今、運動部の体罰やいじめが大きな社会問題に発展し、発覚後には厳重なる処罰が与えられるのが当たり前になっているが、昭和や平成の中期までという時代は、うやむやにしたり学校ぐるみで隠蔽したりというのがよくあった。運動部などは大きな試合においてて結果さえ出せば良いという指針が横行し、被害者を人とは思わないような扱いが往々に為されていたこともあったと思う。

そんな時代の、ある名門高校の運動部に所属していた澤井さんの話である。

待ち合わせ場所に現れた澤井さんは物腰の柔らかい紳士で、その後に語られるエピソードに登場する人物であるとは到底思えなかったのだが、頬の傷が気になり挨拶もそこそこに視線をソロソロと送っていると。

「あっ、この傷、気になりますよね。後ほどコレについてもお話ししますのでお待ちください。というか、早速始めましょうか」

そう言って話し始めてくれた。

ここで注釈なのだが、澤井さんから具体的な運動名や学校の場所が特定できるような表現は避けたいとのことなので、その部分はぼかしている。

澤井さんは幼い頃から、その運動に特化した才能を発揮していて、Z高校には特待生として入学した。

Z高校では、近隣に住んでいる以外は寮で生活するというのが決まりであった。

「まあ、スポーツで入ったわけで、全寮制の学校だってありますし、そのあたりは普通に受け入れてました」

話の入り口で、そっとコーヒーカップを口にすると、続けた。

一年生の澤井さんは三年生の飯田という先輩と相部屋になった。飯田はその運動部のバリバリのレギュラー選手だったからか、人に無理強いをしたり暴力を振るったりするようなタイプではなく、どちらかというと唯我独尊で、その運動に対する探究心だけで生きているような人間だった。

「正直、ホッとしましたよ。他人と同じ部屋でほぼ一年過ごすなんて、もちろん経験もないですし、不安じゃないですか？　飯田さんにはそういった意味では感謝しています」

入寮を済ませ幾日か経つと、飯田以外の先輩たちが煙たい存在感を示してきた。

万年補欠組のX、H、Qという先輩が、澤井さんをターゲットにいじめをしてきたのだ。一年生にしてレギュラー候補だった澤井さんの存在が気に入らなかったらしい。

本来であれば澤井さんは、同部屋の先輩・飯田の世話をすればいいだけなのだが、X、H、Qの三人が澤井さんをこき使いまくっていた。

「洗濯しろとかパシリくらいだったら、よかったんですけど……」

何より嫌だったのが食事の無理強いだった。澤井さんは元来、食が細いうえ食べるペースも遅かった。三人組はそこに目をつけて、夕食の度に大食いを強要し、澤井さんが食べきれず戻してしまうと、それを顔面に押し付けるなどの暴挙もしてきた。

もちろん飯田をはじめ、他の生徒が見ていないところでだ……。

さらにシゴキと名を変えた暴力も日常的になり、キックパンチは当たり前、当時流行っていた格闘技の技などもかけてくる。常に満身創痍の状態で、成績も落ちてきた。顧問に相談をしようかと思ったのだが、言い出せずにいた。何より、チクったことに対する報復が恐くて切り出せなかったというのが正解だったのかもしれない。

そしてついにその日がきた。

寮でのいじめの横行は今に始まったことではなく、悪しき伝統のようになっていて、それがエスカレートして自殺に追い込まれた生徒もいたそうだ。

噂話ではなく、本当に自殺部屋なるものが存在したそうだ。寮の三階の奥から二番目の部屋……確かに「開かずの部屋」となり、使われていない。

当時の学校側はメンツを第一に考えているので、何かがこの部屋であっても、ただ隠蔽や封印をし「開かずの部屋」にするくらいの対応だけなのだ。

そして寮生たちが、そこをいじめの道具として使うのは、ごく自然な成り行きだったかもしれない。

「サワイ〜、うちの伝統なんだよ。みんなこの部屋で精神修行をしてレギュラーを掴み取るんだ。ここのところ君はスランプだろ？　是非ここで頑張ってくれたまえ！」

三人は半笑いを浮かべ、澤井さんの両腕を掴んで強制的に「開かずの部屋」に叩き込むと、外から鍵を閉めて出られないようにした。

「開けてください！　出してください！」

ドンドンとドアを叩き、声を出しても応答はない。ついに力尽きた澤井さんは座り込むと、ぼんやりと部屋の様子を見まわした。

薄暗くカビ臭い四畳半の部屋には、使い古された二段ベッドがあるだけだった。電気のスイッチは当然反応せず、ただ窓から入る月明かりだけが部屋をわずかに照らすだけだった。

やがてその状況にも慣れてくると、部活の疲れと先ほどの抵抗による疲れでウトウトし始めてきた。床よりはわずかに柔らかそうな二段ベッドの下の段に移動し、そのまま仰向けになり目を閉じようとした。すると、

「このままだと生き地獄だ。なんでこんな目にあわなきゃいけないいんだ。もう生きたくない生きたくない生きたくない生きたくない生きたく……」

という殴り書きが眼前に広がっていた。

「ぎゃーーーーーー」

眠気が吹っ飛び、叫び声を上げると急に目の前が暗くなった。

気がつくと部屋の中は白々と明るくなっている。ぼんやりしたまま起き上がった澤井さんはドアに手をかけると、鍵は外されていたのかすんなりと開いた。

部屋から出てきたがヘラヘラした様子で視点が定まらない澤井さんに、万年補欠のX、H、Qの三人も不安な様子を浮かべた。

「※#$&☆×△%＞」

言葉にならない音を発し、近寄る三人を手で払い除けた澤井さんは、ダラダラと足を引き摺りながら洗面所に入ると倒れ込み、首吊り自殺者のように体の穴という穴から排泄物を垂らし始めた。これはマズイのではと危機感を覚えた三人は風呂場に澤井さんを連れ込むと、冷たい水のシャワーを浴びせた。

澤井さんはそこでやっと正気に戻った。

澤井さんの異様な様子を目の当たりにした三人は、以降、目を合わすことすらしなくなったという。

（んっ？　これで終わり？）

しばしの沈黙があったので僕は、

「澤井さん、これで終わりですか?。というか、そもそも開かずの部屋から出てきた後の澤井さんの様子をなぜ本人がわかっているのですか？　そして失礼ですがその類の傷の話も……」

と問うと、

「いや、もちろんまだ続きがあるんです。まずは部屋から出てきてからの描写は、卒業後の同窓会で、三人に会った時に聞きました。寮生活でのその後——つまり彼らが卒業するまではまったく口も聞かなかったのですが、卒業して数年経って、大人になればそんなのも、まあ、思い出の一つになるでしょ？　私自身も気がついたら冷水を浴びせられていたのがわからないままだったので——そうしたら、その顛末を話してくれたということですね。そしてこの傷は……」

特待生で入学したものの、いじめや嫌がらせもあったせいか元々の素質の問題か、成績が伸びなかった澤井さんは、いつしかあの三人と同じく万年補欠の道を辿ってしまった。

そして、あの三人と同様に有望な後輩に対するいじめやシゴキを強いるようになったのだった。

やがて、有望な後輩だった木田を、あの日の自分にされたのと同じこと、つまり「開かずの部屋」に一晩閉じこめてしまった。

翌朝、木田は意識朦朧となりながら部屋から出てくると、澤井さんを跳ね除け、ぶつぶつと独り言を言いながら洗面所に向かうとその場で倒れ込み、首吊り自殺者のように体の穴という穴から排泄物を一斉に垂らし始めた――。

「あれ？」

私が思わず声を上げると、

「そうなんです。木田のその状況を目の当たりにしたので、先輩三人に聞いてみたんです。そうしたらまったく同じことが僕にも起こっていたんですね。ただ一つだけ違うのは、意識を取り戻した木田は食堂に駆け込むと、包丁を手にして私に切りかかってきたんです。生きたくない生きたくない生きたくない……殺す！　と叫びながら」

そう言って、頬の傷を撫でながらニヤリと口角をあげた。

「で、木田は数か月後、その部屋で自死を選びました」

最後のその一言に言葉を失う私に、

「もちろん、外には漏れなかったですよ。そういう時代でしたから」

さらにそう言葉を加えると、澤井さんはその場を後にした。

音・音

佐木さんは十年ほど前になんとも奇妙な体験をした。

「転勤でP県に引っ越したんです。急だったので、すぐに住めればどこでも良いや、どうせ寝るだけだし、なんて感じでそのマンションを選びました」

七階建てで1Kがほとんどの単身者専用のマンションだった。

「まあ、男の一人暮らしですし荷物もなかったので滞りなく作業も進めて、一服していた時なんです」


バタバタバタバタバタバタ……

大音量のヘリコプターのプロペラ音が、突然部屋中に響き渡った。

びっくりした佐木さんは窓を開けて空を見上げたが、ヘリコプターの存在は確認できない。

バタバタバタバタバタバタ……

引き続き、部屋の中にヘリが飛んでいるのかというほどのプロペラ音が耳を擘《さ》く。

（ん？　テレビ？　ラジオ？）

もしやと思いテレビのコンセントを確認しても当然挿さっておらず、ラジオの電源も入っていない。

マンションの廊下に出てもまったく音はしておらず、シーンと静まり返っていた。

首を傾げながら部屋に戻ると、プロペラ音は消えていた。

引っかかるものはあったが再び作業を進め、最後の段ボールを開けると――。

ゴーン、ゴーン、ゴーーーーン

寺の鐘のような音が鳴り響き、続けて聞いたこともないような不気味な民族音楽が流れ出した。これも先ほどのプロペラ音と同じように、耳を劈《つんざ》くような大音量だ。
同じく窓を開けて確認したり、廊下に出てみても、聞こえない。
さらに同じく部屋に戻ると民族音楽のようなものも鳴り止んでいた。

引っ越した当日、そんな不思議な現象に出くわしてしまったのだが、それ以降「音」が聞こえることもなかった。しばらくしたある日、十年ほど使っていた冷蔵庫が故障してしまい、買い替えるためP県の中心部にある大型量販店に出向いた時のこと。
入店し、テレビ売り場のある一階を歩いていると――。

バタバタバタバタバタバタ……

ヘリコプターのプロペラ音が店内に響き渡った。佐木さんと同様に周りにいる人々も不安そうにキョロキョロと辺りを見回していたが、音の出所は展示販売されている複数のテレビからであった。

見知らぬ海外の街が映し出され、ヘリに乗った外国人キャスターがリポートしている。その映像は決して穏やかなものではなく、空爆後に瓦礫の山となった状況を伝えているように見えた。ヘリが着陸し外国人キャスターがその街に一歩踏み出すと——。

ゴーン、ゴーン、ゴーーーーン

寺の鐘のような音が鳴り響き、続けて聞いたこともないような不気味な民族音楽が流れ出した。

鐘の音、そして民族音楽……。引っ越ししたあの日に一度しか聞いたことがなかったが、しっかりと耳にこびりついていたのでわかる。間違いなくあの音楽である。

(いったい、自分に何が起こっているんだ?)

混乱して眉間《みけん》に皺《しわ》を寄せていると、トン、トンと背後から肩を叩かれた。ビクッと背中を震わせ振り返ると、そこには佐木さん同様テレビを凝視している人々はいたが、肩を叩いたであろう人物は見当たらなかった。

そして次の瞬間、陳列されたテレビの映像がスポーツやミュージシャンのライブ映像に変わった。

「えーー」

佐木さんをはじめ付近にいた人たちは一斉に声を上げた。

それも束の間、その場にいた人たちは目的の売り場に静かに散っていった。佐木さんもまた、冷蔵庫の売り場に向かう。

店員から冷蔵庫の説明を聞きながら吟味していると、右前方から視線を感じた。目をやると彫りが深い外国人女性が、大きな目玉をひん剥いて佐木さんを凝視しているのがわかった。続けて手を合わせ、深々とお辞儀をすると人混みに紛れた。

「ちょっと、すみません」

佐木さんは冷蔵庫の説明をしてくれている店員に言うと、すぐにその外国人を追ったのだが見つけることは出来なかった。

集団欠席

「あれは忘れられない出来事ですね」

そう深くため息をついた田丸さんは、およそ三十年前にS県で保育士をしていた。

地域にしっかりと根付いた、評判の良い保育園だった。

ある年の梅雨の時期、異変が起こった。

一人また一人と園児の欠席が続き、ある日、来たのは二人だけだった。

保育士が手分けをして各家庭に状況を聞こうと連絡をする、それぞれの親は、

「身体が怠《だる》いので保育園には行きたくないと子供が言っている」

と同じようなことを言う。

「病院に行きましたか？」

と訊くも、

「そこまでではないので大丈夫です」

とこれも同じような答えが返ってくる。

口裏でも合わせているのではと、田丸さんたち保育士が頭を抱えていると、園に来ていた二人、明くんと真理子ちゃんが廊下からニヤニヤしながらこちらを覗き込んでいる。

「みんな弱虫なんだよな～。俺とマリちゃんは強い子だから平気なんだよな」

明くんがそう言うと真理子ちゃんも頷いた。

田丸さんが「明くん、どういうこと？」と問うと、

「みんな、弱虫だからさ～、入り口のところにいる女の子を見て怖がってるんだよ」

屈託なく漏らした明くんの言葉に首を傾げると、

「首のない女の子が立ってるの。真っ赤なお洋服を着て」

真理子ちゃんもこれまた屈託なく話をする。

「えっ？」

首がないというその言葉に背筋を凍らせると、

「朝、保育園に来る時、いっつもいっつもいるよ」

二人が声を合わせた言葉にさらに動揺していると、

「なんのお話をしているの？」と、背後から園長先生の声が聞こえた。

二人の園児は園長先生に先ほどと同じように話をし始めた。

「えっ、どういうこと？　いつからなの？」

面喰らったように園長先生が問う。

「うん、ちょっと前からかな。あんまり覚えてないや」

二人はそう言ってキャッキャとはしゃぎながら、外に出ていった。

「なんのことなんでしょう。妄想なのかもしれないけど、気味が悪いね。でも、あの子たちが嘘をつく理由もないでしょうし」

園長先生が困惑した表情を浮かべたので、田丸さんは日頃から親しくしている結衣ちゃんのお母さんに、もう一度電話してみることにした。結衣ちゃんのお母さんとは年齢も近くなんでも話せる間柄だったのだが、先ほど電話で話した際の奥歯になにか挟まったような言い訳をするのが気になっていたので再度連絡をしてみた。

「今日来ている園児からこんなことを聞きまして……」

田丸さんが事情を説明すると、結衣ちゃんのお母さんも話してくれた。

「実は結衣も同じことを言ってたんです。でも、私も結衣の話を信じることができなくて。それにそんなこと先生に伝えたら、バカなんじゃないかなって思われると思って言えなかったんです」

再び手分けをして父母に事情を伝えた上で連絡をすると、皆口を揃えて「子供がそう言っている」と返ってきた。

「明日、緊急父母会を開きましょう。なにが事実かはわかりませんが、とにかく私たちは園児の不安を取り除いてあげることが先決なので」

園長先生からの提案に皆が頷き、再び父母への連絡を始めようとしたその時、上空から騒がしいヘリコプターのプロペラ音が聞こえてきた。さらに、

「なにこれ？　この辺りじゃないですか？」

保育士の一人が大きな声をあげた。テレビに目を向けると、少女の首なし遺体が発見されたとの報道がなされている。

確かに保育園からほど近い地域で起こった事件のようだ。

「このことなのか？」と皆、目を見合わせていると、

「さあ、皆さん、手を止めないで。父母会に連絡をしないと」

そう言って園長先生が「パンッ」と手を叩くと、それぞれが受話器を握り再び連絡を

始めた。

翌日、緊急父母会が開かれ、園長先生からは「集団ヒステリー」の可能性について、園児の心のケアについて、そして無理せず徐々に登園を始めて欲しいといった趣旨の話がなされ、「首のない女の子」についての言及はされなかった。


そして翌朝、田丸さんをはじめ保育士が入り口でお迎えをすると、ほぼ全員の園児たちが保育園にやってきた。

なにはともあれ平穏が戻った気がしたので、保育士一同胸を撫で下ろしたが、田丸さんは園児たちの言う「首のない女の子」とあの報道が引っかかっていた。

一日が終わり、父母のお迎えの時間になった。

子どもたちが帰り支度をしながら、いつも通り賑わっている。

「ねえねえ明くん、もう赤い服の女の子はいなくなったの？」

聞くべきか否か迷ったのだが、たまたま近くにいた明くんにそう尋ねてしまった。すると、

「今日の朝もいたよ。でも、お顔があったよ」

という言葉が返ってきた。続けて、

「今もまだいるよ。あっ先生の後ろに隠れちゃった」

ゾッとして振り返ると、そこには誰もいなかったのだがエプロンがグッと引っ張られる感触がした。

「あっ先生のエプロン引っ張ってる、照れ屋さんだね。先生また明日、さようなら」

明くんは母親に手を引かれ帰っていった。

しばらくは「赤い服の女の子」は保育園の入り口に佇んでいたという。

しかし、ある日を境に「赤い服の女の子」はぱったりと姿を消した。事件の犯人逮捕の報道が流れた日からである。

「この話ってもしかして、あの事件と関係がありますか?」

帰り際に私が問うと、田丸さんはコックリと頷いた。

リモート合コン

二回り以上年下の松前さんと飲んでいた時、こんな会話になった。

「徳光さん、リモート飲みってやったことあります？」

「自粛期間中にやったよ。でも味気ないというか正直、面白くなかったね。あと会話って間が大切だと思うんだけど、その間がズレるから話しにくかった。もうやらないと思うよ」

「そうですよね。確かに話しにくいですよね。でも自分の場合、ちょっと違った意味でもうやりたくないんです」

「というと？」


ここからは松前さんの体験談である。

大学二年生の松前さんは登校することもできず、来る日も来る日もリモート授業に辟易としていた。そんなある日、高島という友人から女子二人とリモート飲みをやろうと提案された。

「授業もリモートで飲みもリモートかよ。あんまり乗らねえな」

松前さんが浮かぬ返しをすると、

「いや、合コンのリモート版だと思えばいいじゃんか？　それに女の子も自宅だと油断するから酔っ払って、ほら、服もはだけたりしてさ……」

下卑た笑い声と共に電話口でそう言ってきた高島に、

「いや、会えないいんなら意味ないだろ。お前変態か？」

見下すような言葉を投げると、

「いや、変態でもなんでもいいから付き合ってくれよ。お願い」

食い下がって懇願する高島に同情して、渋々、面識のない女子二人との『リモート飲み』をすることを了承した。

そしてその晩。

「みんな用意は大丈夫かな？」

高島の能天気な掛け声と共に四人の『リモート飲み』がスタートした。

女子の名前は優希と彩音。二人は同じ保育園に勤務する保育士だそうだ。

優希は積極的に話す社交性のある子だったが、彩音の方は終始俯き加減であんまり乗り気でない感じが画面越しに伝わってきた。

高島は容姿で勝る彩音を気に入ったみたいで、気を使って何度も話しかけたのだが、素っ気ない対応しかしてくれない。

「じゃあ、さあ、彩音ちゃんの好きな話をしようよ」と高島が提案すると、

「怪談、怖い話が好き」

先ほどまでの無愛想が嘘のように目を爛々と輝かせて、こうべをあげた。

「高島くん、なにか怖い話知ってる？　聞かせて」

前のめりにそう問うてきたので、高島は「心霊スポットに行ったら～～」といったありきたりな怪談話を始めた。そして聞き終わると、

「心霊スポットでとかじゃなくて日常的に起こった怖いこととかがいいな～。例えば、ほら今優希の部屋から赤ちゃんの泣き声が聞こえるとか」

すると――。

「オンギャー、オンギャー」

確かに、優希の部屋から赤ん坊の泣き声が聞こえてきた。

「なんなのよ、なに、この声！」

目を泳がせ動揺した優希が声を上げると、

「多分、優希が去年おろした水子の声だよ」

彩音はケラケラ笑いながらそう返してきた。

「なんでそんなこと今言うの？　最低！」

優希は目に涙を溜めて『リモート飲み』の画面から退室した。

いたたまれなくなった松前さんが「二人は友達なんじゃないの？　かわいそうだよ」

と言うと、

「友達なんかじゃないよ、同僚なだけ。あんたもなんか偽善者ぶってるけど、自分の心配した方がいいよ。あんたの部屋にもいるから――」

彩音が乱暴な口調でそう言い放った。ふいに、

「オンギャー、オンギャー」

松前さんの背後から、赤ん坊の泣き声が聞こえてきた。

背中をビクつかせ振り返ったがそこには当然、赤ん坊の姿はない。もう一度正面を向

いて四分割された画面に目をやると、自分、高島、彩音……そして退室した優希がまた参加状態になった。

しかしそこに映し出されたのは優希ではなく、青白い皮膚がブヨブヨに膨らんだ赤ん坊の姿だった。

「ギャーーー」

松前さんと高島は叫び声をあげて、すぐに画面から退室した。

直後、松前さんは高島に電話をして文句を言ったのだが、高島も優希しか面識がなく彩音という子は知らなかった、ただただ申し訳なかったと平謝りするだけだった。

まあ、高島に怒りをぶつけても仕方がない。会話を普通の話題に戻し電話を切ると「ピロン」とLINEの受信音が鳴った。彩音からだった。開けてみると、

「お前らの話がつまんなかったからちょっとふざけたよ。じゃあね」

と書かれてあった。

頭にきた松前さんが怒りの文章を打っていると、「彩音さんが退室しました」という文字が液晶に浮かび上がった。

当然それ以来、彩音との連絡手段はない。

高島にも連絡してみたが、優希とも連絡が取れなくなったそうだ。

この話を聞き終えて……。

優希の後ろから聞こえた赤ん坊の泣き声は悪戯でどうにでもできると思ったが、松前さんの後ろから聞こえたそれはなんだったのか？　ということ。そして松前さんに身に覚えはあるのか（以前に堕胎を勧めたことがあるのか？）と問うたがまったくそんなことはないとのことだった。

「泣き声も気持ち悪かったんですけど。その後に画面に映っていた〝赤ん坊のようなもの〟が気持ち悪くて、今でも思い出しちゃうんですよね」

血の気が引いたような表情で松前さんは俯いた。

そしてその日以来、すべてのリモートから目を背けているそうだ。

足が……

これはある格闘家の方に聞いた話である。

今は現役を退いて後進の指導にあたっているGさんだが、選手時代はそれなりに名の通った存在であり、人気も高かった。

所属ジムにファンレターが届いたり、試合後に会場を後にする際には「出待ち」のファンから直接プレゼントなどをもらうことも常だった。

そしてその「出待ち」のファンの中に、気になる女が一人いたそうだ。

Gさん曰く、多くの「出待ち」ファンは何人かで観戦に来ているか、「出待ち」をしている間に他のファンと仲良くなったりして群れをなしている。そして、それぞれがお気に入りの選手にプレゼントや手紙を渡すのだ。しかしその女はそういった群れとは距離を置き、会場を出た一つ目の信号の所でGさんの車を待ち、窓からスッと手紙だけ渡してお辞儀をすると無言で立ち去るのだという。

Gさんもヤンチャをしていた頃から群れをなさず、一匹狼的な生活を送っていたのでなにかシンパシーのようなものを感じていた。

そして手紙には試合に対する感想やGさんに対する恋心、さらに孤独で生きがいを見つけられずにいた自分を救ってくれた恩人はGさんである、などといったことが書かれてあった。試合に対する感想は当然のようにその都度変わるのだが、文末には必ず「自分を救ってくれた恩人はGさん」という文言が添えられている。

そこまで書いてもらって悪い気がするわけがない。何度も会うにつれてGさんも、手紙を貰うそのわずかな時間で「今日もありがとう、手紙読んだよ」と言葉をかけるようになっていった。

そんなある日、文末に記された「自分を救ってくれた恩人はGさん」という文言に続いて、電話番号が添えられていた。

電話番号付きの手紙はよくもらうが、関係を持って面倒臭いことがあってもと思いそれらは破棄していた。が、魔が差したのか（他のファンと被ってないから良いだろう）そんな気持ちが過《よ》ぎったか、つい電話をしてしまった。

「もしもし」

数回のコール音ののち、か細い声が聞こえた。

「Gだけど、わかる？」

Gさんからの電話とわかると、先ほどのか細い声、そして出待ちをしている時の無言でお辞儀をしていた人間とは思えないような歓喜の声を電話口いっぱいに轟かせた。

「本当にかけてきてくれたんですね、ありがとうございます！」

（そんなに喜んでくれるのか？）

Gさんも嬉しくなり、食事の約束をしてしまった。

そして焼肉屋で食事を堪能し、ほろ酔いになると、二人は寄り添いながら繁華街の外れにあるホテルへと歩を進めた。

部屋に入るなりコトを始めようとするGさんに、

「ちょっと待って。私、いつも手紙で、孤独で生きがいを見つけられずにいた自分を救ってくれた恩人はGさんだって書いてましたよね。その孤独の原因について話してないでしょ、その話をしてもいい？」

女はGさんの手を振り解くと、自身が経験した壮絶なイジメ体験を語った。そして、

「そんな時にたまたまテレビで特集されていたGさんを見たの。この人のように頑張らないと、そして、この人なら私を包んでくれるって思っちゃったの」

そう言うと、パラパラと服を脱ぎ出した。

「えっ！」

Gさんは言葉を失った。

腕、足、胸、腹、そして背中……カッターやナイフの類で切り刻んだであろう傷が全身を覆っていた。

「驚くよね、当たり前だよね。これはGさんに会う前に自分でつけた傷だよ。だって、あれだけイジメられたら私が悪いって私のせいだって思うでしょ？　自分がいなくなるにはどうしたらいいかっていっつも考えてたんだよ。でも死ねなかったの。それでね、それでね」

Gさんが目を逸らすと、

「それでね、聞いて、まだ話は終わってないの。Gさんが目の前に現れた。私にとっては王子様なの。だから私と一緒にいて」

そう言葉を締めると勢いよく抱きついてきた。

Gさんは思わず、手で払い除けてしまった。

「なにすんのよ。どうして？　あんたもあいつらとおんなじ人種なの」

女の目は完全に飛び、あらぬ方向を向いている。さらに口からは泡とも涎ともつかないものが溢れ出ている。

「いや、そういうんじゃないけど、早く服を着よう。そして今日は帰ろう」

冷静を装い、床に散らばった服を拾い上げて手渡した。

すると、女は先ほどまでの激情が嘘のように淡々と服を着ると、視線も合わさずに部屋を出ていった。

そしてそれ以来、会場で女を見かけることも出待ちをされることもなくなった。


さらに日は過ぎ、Gさんはタイトルマッチに挑むこととなった。

練習に打ち込み、いざ当日。入場曲に乗り颯爽とリングインをし、緊張を紛らわすためリングサイドを見回していると、女の姿があった。

少々の動揺はあったが、今日やるべきことは目の前の敵を倒すこと。ボディチェックが終わりゴングが鳴った。

得意のローキックを出そうと踏み込んだ時、グニャリと軸足の足首が脛側に曲がり、続けて骨が砕ける音が体内に響いた。

カンカンカンカーン！

足を押さえて倒れたGさんをレフェリーが覗き込むと、無情にも試合終了を告げるゴングが鳴った。

まったくなにもしないままでのレフェリーストップ負け。相手も呆然としたことだろう。

度を超した激痛に顔を歪めタンカで運ばれている時、ふと客席に目をやると、不幸にも女と目が合ってしまった。

意識は朦朧としていたが、女の満面の笑みだけはしっかりと目に焼き付いた。

そして救急病院に運ばれると緊急手術が為された。

翌日、目を覚ますと今まで面倒を見てくれたトレーナーが涙を流している。

「右足首靭帯損傷・右足甲部粉砕骨折」

傍に立った医者はそう症状を伝えると、日常生活への完全復帰も難しいと続けた。

その後、退院もしリハビリも続けたがやはり医者の言葉通り、足が元に戻ることはなかった。引退を決意し、ジムに置いてあった荷物を整理していた時だった。

折り重なったタオルの隙間から手紙が落ちてきた。

「今までありがとう」

そう表に書かれてあり開封してみると、

「あなたも私も一緒」

そう一行、記された便箋とともに、赤黒く変色した女の足首から先の写真が入っていた。写真の裏には「傷つけるのは慣れてるから」と一言添えられていた。

その手紙があの女からだという確証はない。

ただ、後輩たちには「ファンには深入りするな」とキツく言っている、と最後に加え、Gさんは決して治ることのない足を引き摺りながら去っていった。

たった一度きり

「変な体験はしたことあります。怖かったには怖かったんですけど、それ以上でもそれ以下でもないというか」

首を傾け少し半笑いになりながら、猪瀬さんは自身の体験を話してくれた。

就職して三年目、仕事にも慣れて、初めての一人暮らしも満喫していた。

そんなある夜、仕事から帰った猪瀬さんはマンションのドアに鍵を挿し込んだ。ドアノブを握り回そうとすると、内側からも回される感触が――。

咄嗟にドアノブから手を離すとドアが開き、中からブラックジーンズと白いTシャツを着たヒョロヒョロの細い男が出てきた。

呆気に取られていると、男は口笛を吹きながらエレベーターの方に歩き始めた。

その姿を目で追っているうちに冷静さを取り戻した猪瀬さんは、

「なにやってるんだ、お前！」

そう怒鳴《どな》ると、男はこちらを向いてニッと歯を出して笑い、エレベーターに乗り込んで扉が閉まった。

追いかけて急いでエレベーターのボタンを押すと、その扉が開いた。

だが、そこには誰もいなかった。

そして背後から、先ほどと同じ音色の口笛が聞こえてきた。

（いったいなにが起こっているのか？）

振り返ってみる。するとあの男が猪瀬さんの部屋から出て、こちらに向かって歩いてくる。

「おい、なんなんだよ」

目の前で起こっている現象が非現実的であることはわかっていたが、この幽霊のようなものにおちょくられている気がして、声を荒らげ腕を掴もうとした。案の定というか、感触はなく、掴もうとした手は男の身体をすり抜け、こぶしを握る形になるばかりだった。

引き続き口笛を吹きながら男は猪瀬さんの方を向くと、自身の顔の前で手を横に「無理無理」というように振って笑いながら、エレベーターに乗っていった。

再度、エレベーターを確認したが、中には誰も乗っていなかった。

そして再び口笛が聞こえてきた。憤怒を浮かべ振り返るとそこには誰もおらず、ただ口笛だけが鳴り響いていた。

（納得できるものがなにもない）

その異物を怖がるのではなく怒りに肩を震わせ、猪瀬さんは部屋に入って鍵とチェーンをかけると、携帯が鳴った。取り出すが、コール音は二回だけで切れてしまった。

着信履歴には数時間前のものしか残っておらず、たった今の電話の記録はない。

しかし待ち受け画面には「メッセージあり」のマークが浮かび上がっている。

「うーん」と唸りながら留守番電話を確認すると、

「アナタモイマス。ワタシモトキドキイマス」

音声ガイダンスのような、機械的な声が入っていた。その声を聞き、初めて背筋に冷たいものが走って携帯を床に落としてしまった。

さらに――廊下から、再びあの口笛が聞こえてきた。

ガチャガチャガチャ――

今度は外側からドアノブを捻る音。

開けられないように必死に抵抗していると、やがて動きは止まり、口笛の音も遠のいていった。

時間にして三十分もあるかないかの怪異だった。

それ以降、そういった現象には出くわしていない。

それ故に印象深い出来事だったとのことだ。

「猪瀬さん、その日、お酒を飲んでたりとかはしてませんよね?」

疑り深い私はつい、いつもの悪癖で余計な一言を加えてしまったのだが、

「いや自分、お酒は飲めないんです」

そう言って、ウーロン茶で渇いた喉を潤していた。

木造校舎

水田さんが通っていた小学校には、本校舎とは別に昭和の遺産かというくらい古くて煤《すす》けた木造二階建ての校舎があった。

水田さんが入学した頃にはすでに使用されていなかったのだが、取り壊すこともなく、ただただ校庭の端にぼんやりと佇んでいたそうだ。

「おそらく自分が通っていた頃で、築四十から五十年は経っていたでしょうね。とにかくオンボロで、今だったら耐震問題ですぐに取り壊しになっていたと思いますよ」

遠くに目線を送りながら水田さんが続けた。

「まあ、ボロい木造なのでコウモリやネズミの巣だらけになっているわけですよ。で、当たり前のように、学校の七不思議的な怪談話にも使われますよね？　夕方になるとコウモリがバタバタと飛び回りますから、雰囲気みたいなのもありますし」

しかしその木造校舎で、水田さんと友人のSは大変奇妙な体験をしたそうだ。

ある日曜日の昼間、少年サッカーチームに所属していた水田さんとSはいつものように練習で校庭を駆け回っていた。

「やばい水田、俺、腹が痛い」

Sが腹を押さえてうずくまった。その時ちょうど眼前にあったのがボロ校舎だった。

「ボロ校舎の便所でしたら良いんじゃね？」と水田さんが提案すると、

「怖いよ、一人で入れないよ」

Sは顔色を青くしながらすがってきた。

「じゃあ、学校のトイレ借りればいいじゃん」少し突き放してそう言ったが、

「そんなの我慢できないよ漏れちゃうよ。ボロ校舎の便所行くから付き合ってよ」

Sが半泣きで言ってくるので一緒にボロ校舎の便所に向かったのだ。

ボロ校舎は当然封鎖されているのだが、一か所だけトタンが外れている場所があり、そこから二人は潜入した。

水田さんは怪談や肝試し的なことに興味がなかったのでボロ校舎に入ったことはなく、

その時が初めての潜入だった。

「いや〜、中は想像を超えるボロさでしたね。見事に朽ちていました。特に便所は北側にあったのか、まったく陽が射さなくて真っ暗だし、使ってないはずなのにあり得ないほどの悪臭がしました」

（恐らくネズミやコウモリの糞尿、もしくは死体臭なのでは？）

とは思ったが、本題から外れるので続けてもらった。


その真っ暗な便所……。

「水田、中で一緒にいてくれよ」さらにか細い声でSが訴えてくる。

「わかったから早くしろよ。漏れるぞ」

水田さんの言葉を確認すると、Sはドアを閉めて排便をし始めた。

五分もすると、Sがすっきりした表情で個室から出てきたので便所を後にした。

が、突然「ゴーーー」という地鳴りのような音が便所から聞こえてきた。

「なんだ？　なんだ？」

廊下にいた二人は便所を振り返ったのだが、なにがどうなっているわけではない。

ただ変わらず「ゴーーーゴーーー」という地鳴りだけが耳を突いてくる。

さらに地鳴りから逃げ出すように、大量のネズミとコウモリが飛び出してきた。

「ぎゃーーー」

二人は脱兎の如く走り出し、トタンが外れている唯一の出入り口に向かった。

しかしなぜか、行けども行けども見つけることができない。

「どうしよう、どうしよう」

動揺が頂点に達した頃、今度は「バタバタバタバタ」と大人数の人が駆け出すような足音が聞こえてきた。

もうダメだ、と諦めかけたその時、僅かに射す光が目に飛び込んできた。トタンが外れているあの出入り口だ。

二人はなんとか脱出すると、

「コラー、お前らなにしてたんだ、心配してみんなで探してたんだぞ」

校庭の向こう端から、サッカーコーチの声が聞こえてきた。

「すみません。お腹痛くなって水田に付き合ってもらってボロ校舎の便所行って……」

Sがベソをかき、鼻を啜りながら事情を話すと、

「なんであんなところに入ったんだ。ダメだと言われてるだろ。それに何時間トイレに入ってるんだ」

え？　何時間？

怒られるのは仕方がないとしても、コーチの最後の言葉が引っ掛かった。

見上げると陽は暮れかかっていた。正確な時間はわからないが、確かボロ校舎に入ったのは正午過ぎだった。今、本校舎にかかった時計を見ると四時三十分を指している。少なくとも三時間はボロ校舎にいたのか？　二人は顔を見合わせ、納得できぬまま帰宅の途についた。

コーチから連絡があったのだろう、今日の出来事についてこっぴどく親に叱られ反省を促されると夕食の時間になった。

ウーー、ウーー、カンカンカンカン――

消防車のサイレン音が聞こえてきた。

「なんだ、どこだ？」

お父さんが窓を開けると、消防車は水田さんの家を通り過ぎて小学校の方に向かう。

お父さんと一緒に自転車で消防車の音を追うと、やはり小学校の校庭に数十台の消防車が停まっており、放水をしている。

ホースが向けられている先は、ボロ校舎だった。

ボロ校舎はボンボンと勢いよく燃え上がり、いくら消火にあたっても一向に炎の勢いを止めることはなかったのだが、ようやく収まった頃には柱の一本も残っていない、見事なまでに跡形もない状態だった。

翌日、小学校に行くと当然その話題で持ちきりで、水田さんとSは最後の潜入者としてちょっとしたヒーロー扱いを受けた。


それから二年後には水田さんの家が、その翌年にはSの家が、立て続けに火災に見舞われた。ボロ校舎と同じく、原因不明の不審火で全焼だった。

「侵入した時の地鳴りや足音も、二軒続いた火事のことも、未だに理解できないでいます」

過ち

安野さんは若かりし頃、手痛い過ちを犯したことがあるそうだ。

「友達と飲む約束をしていて、そいつが連れてきたのがT美だったんです。なんでも会社の同僚とかで、誘ったら来るということになったらしくて。はじめのうちは大人しく飲んでいたのですが、酔いが回ると自分にしな垂れかかってきて〝私、安野くんのこと好きになっちゃったかも〟なんて腕を絡めてきたんですよ。それを見て友達も〝俺は邪魔そうだから帰るからな。あとは二人でよろしくやっちゃって〟なんて言って僕に金を握らせると帰ってしまったんです」

まあ、そこは序章、というかあまり関係ないとは思いつつも「いくら若かったとはいえ、女性に腕を組まれても好みじゃなかったりしたら困惑しますよね？」などと質問してみると、

「それがバッチリ好みのタイプだったんです。なので、しばらくそこで飲んでから、自分のアパートに流れていきました」

それなら仕方あるまい。好いた同士の若者の成り行きとして。で、流れは……。

「はいっ。楽しい時間はあっという間に過ぎて、彼女が始発で帰るとなったんですよ。で、当然ながら〝電話番号を〟となりますよね？　そうしたら電話は持ってないって言われたんですよ？　耳を疑ってもう一度聞き直しました。それでも持ってないと言うんです。それ反対に〝番号を教えて欲しい、私から連絡するから〟と言われまして教えました。それでその日はバイバイとなったわけです」

なんとも怪しい雲行きになってきたようだ。

その翌日、T美から早速電話がかかってきた（まだ携帯が普及する前の話である）。

「昨日はありがとう。あとごめんね、電話番号教えられなくて。実は今、友達の家に住ませてもらってて、教えられなかったんだ」

そういった理由なら仕方がない。納得した安野さんは、次はいつ会おうかと言った。

「うん、じゃあ明日会おう」

T美の言葉に胸を躍らせながら約束を取り付けた。

「じゃあ、明日、楽しみにし――」

ガチャ、ツーッツーッ。途中で電話が切れてしまった。まあ、間違えて切れちゃったのかな？　くらいに思い、気にせずに次の日を迎えた。

しかし、待てどもT美は待ち合わせ場所に来ない。そして番号を知らないから電話をすることもできない。結局一時間半待っても来なかったので帰路につくことにした。

帰宅して玄関を開けると、留守電が点滅している。

そして留守電ボタンを押すと「五十六件です」という音声が流れた。

五十六件？　T美に何かあったのか？　異常なその件数に驚いた安野さんはキュルキュルと巻き戻し音を聞きながら電話を睨みつけた。

「ガチャン、ツーッツーッ」

初めのうちの数十件は、反応しては切れての繰り返しだったが、

「あっT美です。この間お宅に忘れ物をしてしまい――」

よそよそしいT美の声が聞こえたかと思うと、

「なに言ってんだ、忘れ物がとかじゃねえだろー。お前、浮気したんだろー」

続いて男の怒声が響いた。

うわっそういうことだったんだ。この子はやめておこう。

そう思い、留守電の続きを聞くのをやめてリセットボタンを押した。と同時に、リーンと電話が鳴った。出なければいいのに咄嗟に出てしまった。

「お前、誰なんだよ？　T美になにしたんだよ」

電話の相手にいきなりそう凄まれたのだが、なんとなく迫力を感じなかったので、

「いや、一昨日《おととい》会ったばかりだったんだけど……」と正直に事の顛末を話した。

「お前さ、よくそんなこと言えるな、嘘つくなよ。T美泣いてるぞ。おい、出ろ」

男はそう言うとT美に替わった。

「安野くんごめんね、嘘ついて。私、安野君のこと本当に――」

T美が話を終える前に男が電話をぶん取ったのか、

「なにが本当にだこの野郎。お前、安野って言うんだな、今度なんかあったら殺すからな」

またも凄んできたのだが、

「いや、殺すって言われても困るよ。俺はそっちの連絡先知らないし、連絡の取りようがないから。まあ、仕方ないけど、こっちもこれで終わりってことで」

と、努めて冷静に返した。

「わかったよ、いいよ、もう。安野、これだけは言っておくけど、普通のやつなんかに手に負える女じゃねえからな。俺しか無理なんだよ」

そう言って電話は切られた。

なんだ、それ？　まあ、好みだったけど事故物件みたいなもんだから仕方ないか。出会った時に燃え上がる情熱みたいなものがあったことは確かだが、スーッとなにかが抜けたようになり、素直にその言葉を聞き入れた。


携帯電話を持つようになった二年後のある日、見知らぬ番号から着信があった。

出てみると、

「もしもし、T美だよ。覚えてるかな？」

なんと、電話の向こうから聞こえてくる甘えた声はT美だった。

「あんなことあったんだから、忘れるわけないでしょ。なんで俺の番号わかったの？」

「Rくんに聞いちゃったの」

Rとは T美と安野さんを引き合わせた友達だ。

「そういうことね。で、どうしたの？」という安野さんの問いに、

「もう、あいついないから普通に会いたいなって思って、連絡しちゃったの」

さらに甘えた声でそう言ってきた。

「もう、あんなのは懲り懲りだけど、いないっていうなら、別にいいよ」

そう言って会う約束をした。


そして当日、二年ぶりに会うT美はさらに美しくなっており、あの日の嫌な思い出など吹っ飛ばすような魅力を放っていた。

「安野くん、あの時は本当にごめん。正直、どうしていいかわからなくなっちゃって、でもこうして会ってくれたことが本当に嬉しい、ありがとう」

目に涙を溜めて頭を下げられたので、許さないという選択肢はなかった。

食事をし、酒を飲んでいるといい時間になってきた。

「じゃあ、また会おうね」そう言ってお店を出ようとすると、

「まだ一緒にいたい。私の家、近いから寄っていかない？」

格好をつけて帰るなんて言ってはみたが、断る理由もない。ただ唯一の不安は——。

僅かばかり困惑した表情を浮かべる安野さんに、

「もう大丈夫だよ、あいつはいないから。ね、行こう」

さらなる誘いの言葉、不安は払拭された。

T美が住むマンションは、店から本当に近くにあった。

部屋に入って飲み直すと、あの夜のように次第に距離を縮め、抱き合いそのまま毛布に包まった。その後、一服するために起き上がってタバコに火をつけると――。

ドンドンドンドンッ！

玄関のドアを乱暴に叩く音が響いた。

「どういうことだよ！」

安野さんが怒りに任せて怒鳴ると、

「いいからそのままにしてて、大丈夫だから」

T美は薄ら笑いを浮かべている。

ドンドンドンドンッ！

さらに強くドアを叩いている。

T美の誘いに乗った自分を恥じたが、そんなことを思っている場合でもない。今はとにかく服を着て、この部屋を出なければ。しかし玄関からの激しいノック音がやまない。

かといって、飛び降りて逃げるには、この部屋は四階だ——。

しどろもどろしているうちに覚悟は決まった。最悪殴り合いしかないなと。

ドンドンドンドンッ！

叩かれたドアが揺れている。そして次の瞬間、ズズッ、ガチャリッと鍵穴に鍵が挿された音とそれが回る音が聞こえた。

バタンッ！

さらに勢いよくドアが開いた。安野さんが身構えて玄関の方に視線を送ると——。

そこには誰もいなかった。

「なにこれ？」

呆気にとられて、つい言葉を漏らすと。

「だから大丈夫って言ったでしょ。あいつもういないんだよ、一年前に死んだの。でもね、でもね、安野くん聞いて。死んでからもしつこくウチに来るんだよね。私にはわかるんだよ、あいつの匂いがするんだもん」

「えっ？」

確かにT美がそう言った瞬間、プ〜ンと男モノの香水の匂いが薫った。

安野さんが吸っていたタバコを、人差し指と中指に挟んで取って吸いながらT美は、ケラケラと笑い出しさらに続けた。

「どんだけ私のこと好きなんだよって話。誰かがこの部屋に来ると——男だろうと女だろうと来るんだよね。おかしいよね、死んだことに気付いてないのかな?」

酔いが回っておかしくなってるのか? 本来から持ち合わせている狂気なのか?

ただ黙ってT美の言葉を聞いていると、

「で、安野くん。次いつ会う?」

腕を絡ませてきたのだが、やんわり振り解いて、一言も発さずに部屋を後にした。

翌日、Rに連絡し、自分の番号を勝手に教えたことに対し注意を促したのだが、

「えっ俺番号なんて教えてないよ。T美は一年前に会社辞めてから連絡取ってないし」

困惑しているRの声色《こわいろ》を聞くと到底嘘をついているようには思えず、それ以上の言葉は飲み込んで電話を切った。

「なんか変な話ですよね。辻褄が合わないことがすごく多いというか。T美さんの部屋

での怪異よりも、T美さんの行動と言動が怖くて嫌な気分にさせられますよね」

私は率直な感想を述べた後「それから連絡はこなかったのですか?」と尋ねると、

「ぷっつり連絡は途絶えていたのですが、つい先日――十日前くらいですかね。〝で、次いつ会う?〟という留守電が入ってたんですよね。あの声は間違いなくT美の声でした。スマホにした時、番号を変えてるのに――」

安野さんは不安気な表情を浮かべ、そう呟いた……。

安野さんと再会した時、そして連絡があったという十日前、果たしてT美は存在していたのだろうか?

牛抱せん夏

Senka Ushidaki

女優業と並行して怪談師として活動。主催で怪談イベントを開催するほかYouTubeでの怪談配信、こども向けのおはなし会なども行っている。著書に『実話怪談 呪紋』『実話怪談 幽廓』『呪女怪談』、共著に『現代怪談 地獄めぐり』など。

三面鏡

まゆさんが幼稚園に通っていたころの話である。

ある日、テレビを観ていると母親はおやつを出して「洗濯物を取り込んでくるから、テレビ観ていてね」とベランダにむかった。わかった、とうなずいて、おやつを頬張りながらアニメの再放送を観ていたが、なんとなく呼ばれた気がして隣の部屋へいった。

そこには母が結婚するときに、祖父からプレゼントされたという三面鏡がある。

そのすぐ前に見知らぬ女性が立っていた。

まゆさんは驚いたがなぜか怖くはなく、女性をただ見つめていた。

「ここ――引き出しにあるよ」

女性は笑みを浮かべ、三面鏡の引き出しを指さした。

ふだん、まゆさんは母親から「この鏡は絶対に触ったらダメよ」と口をすっぱくして言われていたので、引き出しの中になにが入っているのか気になっていた。女性に言われたことによって、見てみたいという好奇心が強くなる。

一番上の段の引き出しを開けると、ティッシュにくるまれた細長いものが入っていた。ティッシュをとると、中身はカミソリだった。

母がときどき顔の産毛《うぶげ》を剃っているのを見たことはあるが、手に取るのは初めてだ。どうやって使ったらいいのか戸惑《とまど》っていると、その女性が親切に教えてくれた。とっても優しい人だ。

柄の部分を持ち、刃を当て、ゆっくりと動かす。

赤い血が手の平から手首へと伝い、じゅうたんに滴《したた》り落ちる。きれいだ。

「赤いの出た！」

思わず声をあげると、女性は嬉しそうにニッコリと微笑《ほほえ》む。

そのとき母親が部屋の中に入ってきて、まゆさんを見て蒼白になった。

「なにしてるの！」と手首をつかみ、カミソリを奪い放り投げた。

流れる血の美しさを知らせたかったまゆさんは「見て」と手を差し出す。

母親は傷の浅さを確認したあと、いつも言ってるのになんで引き出しを開けたの、なんでカミソリに触ったの！　と怒鳴《どな》った。

「このお姉ちゃんに教えてもらったんだよ」

そう言いながら部屋を見渡すと、いつの間にかいなくなっていた。

思い返すと女性は鏡の中にいた気がする。


その女性が何者だったのか、今でも謎だという。

影

ある休日、小林さんは友人の住むマンションにむかった。

彼は木内さんという名だ。ときどき飲みにいく仲だったが仕事が忙しくなってからは時間があわず、会うのは二年ぶりだった。

小林さんは彼の容姿を見て——その変貌に驚いた。

もともと健康的な印象のイケメンで女性からモテるタイプだった。女好きでしょっちゅう新しい彼女ができたと自慢していたが、当時のおもかげはない。げっそりとやつれて、まるで別人のようになっているのだ。

「……どうしたんだ、オマエ。もしかして体調悪いのか?」

「いや、元気だよ。タバコも酒もやめたし」

妙に不自然な笑顔を浮かべながら、彼はお茶をすすった。

「彼女いるんだろ?」

「いないよ。女に興味がなくなったんだ。俺自身、女体化していて躰《からだ》もだんだん小さくなってるし。そのうち消えちゃうんだ」

「女体化? どういう意味だ。お前、ホントだいじょうぶか? 今仕事は?」

「いってるよ。いい職場だし」

「働きづめか? 休めてないんじゃないか」

「休んでるよ。そんなことよりお前さ……幽霊って信じるか?」

突然、木内さんは真顔で質問してきた。

「幽霊? なんだそれ。そんなのいないよ。見たこともないし、信じてないかな」

「だよな。俺も信じてなかったんだ。でも、この部屋おかしいんだ」

「おかしいってなにが?」

そして彼は小林さんにこんな話をはじめた。

数か月前、木内さんはこのマンションに引っ越してきた。

繁華街からほど近い場所で、きれいなうえ相場よりも家賃が安い。当時、本気で付きあっていた彼女も喜んでいたらしい。

ところが引っ越してきて間もなく、彼女はなにも言わず突然、荷物を持って出ていった。理由がわからず、ただただショックだった。しかし、仕事が忙しい時期だったので、彼女と連絡をとって、話しあう気力も体力もなく、虚無感に包まれた。

帰宅して寝るだけという日が続いていた、ある夜。

木内さんは布団に入る前、テレビのニュース番組をぼんやりと観ていた。テレビは部屋の隅に設置してあるのだが、壁との隙間に黒い影のような暗がりがあることに気がついた。人が立っているようにも見えたが、そのときは気にせず眠りについた。

ところが、翌日もテレビと壁の間に影が見える。

昨日よりも濃くなっているようにも思えた。それから毎日、壁から浮きあがるように影が出てくる。日に日に色が濃くなる。やがて影は女性のような形になった。

「……ただいま」

影に挨拶をしたのをきっかけに、話しかけるようになった。

なにかの本で影に不満を言うと、精神的によいと書いていたような気がする。

仕事の悩みや彼女との思い出、自分の中に溜まっている黒い感情をすべてぶつけた。

影に話しかける日々は今も続いているという。


小林さんは彼の言うテレビのうしろに目線をむけたが、そこにはなにもない。

「木内、付きあってやるから病院いこう。お前、疲れてるんだよ」

彼はヘラヘラと笑いながら「あ、きたきた」とテレビの方を指さした。

黒い影が浮き出て、見る見る間に女の形になった。

「なんでも俺の話を聞いてくれるんだ、彼女。あはは。俺、もう死ニタイ」

木内さんがそう言ったときだった。

黒い影、女の目のあたりから真っ赤な血のような液体がドロリと溢れ出た。

気がつくと小林さんはマンションを飛び出していたそうだ。

それから木内さんとは二度と連絡をとっていない。

ドライバー

トラック運転手の男性の体験談である。

ある夏の夜、荷物を積み込んで東北の目的地にむかった。

眠気を覚ますため、カーラジオをかけながら運転していた。

途中、空気の入れ替えをしようと窓を開ける。ふとサイドミラーに目をやると、荷台のシートが風にあおられバタバタとなびいているのが見えた。

それが——なにか変だ。

シートは青色なのだが、ミラーに映るものは黒い。

不思議に思い目をこらすと、それはシートではなく黒髪だった。

車体の横に全身真っ黒な女が張り付き、運転席のすぐそばまできていた。

思わず悲鳴をあげたと同時に、開けた窓からのぞき込む女に右手首をつかまれた。

急ブレーキをかけて、振りはらう。

幸い後続車はなかった。

車を道の脇に寄せ、荷台や周辺を探したが、黒い女の姿はどこにもなかった。

届け先に到着して右手首を確認すると、爪の痕がくっきり残っていた。

すんなず

五十年も前、石黒さんという方の話だ。

ある日、隣の家の住人が「庭のお稲荷《いなり》さんを移動するのを手伝ってほしい」と訪ねてきた。これまでは仏教徒だったのだが、とある新興宗教に入信することになり、信仰対象だったものは取り払わねばならなくなったのだという。

お稲荷さんは親戚の家に移動することになったらしい。

近所付きあいはあったものの、稲荷の存在については知らなかった。裏門から庭に案内され木々の間を抜けていくと大きな石があり、その上に神棚ほどの小さな稲荷が置かれていた。近所の男衆が何人も呼ばれていたことから、よほど大きなものなのだろうと思っていたので拍子抜けしてしまった。

ところが、いざ持ち上げようとすると稲荷は重みでまったく動かない。

隣家の住人は「お稲荷さん、動きたくないってさ」と笑った。数時間かけて作業したが持ち上げることはできず、日暮れと共に解散となった。

その日の夜、石黒さんは親戚たちと囲炉裏《いろり》の前で晩酌をしていた。三歳になる娘を奥の部屋に寝かしつけてきた妻も隣に腰をおろす。昼間起こった稲荷の不思議な出来事について話しはじめたとき、今寝たばかりの娘が奥の部屋で泣き出した。火のついたような泣き方に、親戚たちも驚いた。慌てて部屋へいくと娘は、

「すんなず、すんなずぅ！」

身をよじりながら方言で「やめて」と叫んでいる。

どこか怪我でもしているのかと服を脱がせ、全身をくまなく調べると、足先から太ももも、お尻のあたりまで、みみず腫れのようなものがついている。まるで獣の爪かなにかに引っかかれたような痕だ。窓は閉め切っており、動物は飼っていない。

娘は落ち着きを取り戻したあと、しきりに家の外を指さし、

「ねこさん。ねこさん」

そうつぶやいていた。指さす方向には隣家の庭があった。

翌日も石黒さんは稲荷撤去の作業に立ちあった。昨日よりも人数を増やし、ようやく石の上から移動することができた。敷地の外へ出すとなぜか急に軽くなった。

家に戻ると娘のみみず腫れは、跡形もなく消えていた。

「お稲荷さんの使いに引っかかれたんだろうな」と石黒さんは言うが、なぜ稲荷を祀っている当人の家でなく、隣家に住む幼い娘に害があったのかはわからないそうだ。

うねうね

りょうさんという男性が小学生のころ。

夕方、自宅前の道路に絵を描いて、ひとりで遊んでいた。

ふと気配を感じ、顔をあげた。道の先に白い物体がうねうねと動いており、手招きをしている。おとながシーツを被っているようにも見えたが足はない。細長い棒状のようなもので空中を蛇のように動いていた。立ち上がり、その物体の方へむかおうとしたとき、背後から車のクラクションが聞こえ、接触寸前だったところで尻餅をついた。

もう一度、道の先に目をやると、白い物体は消えていたそうだ。

数年後、父方の祖父の住まいを訪ねたときのことだ。

親戚一同は買い物へ出かけていたが、りょうさんはひとり残り、家の前の通りで遊んでいた。山の中に建つ家で、あたり一面は田んぼだった。

ふと気配を感じ、顔をあげると、田んぼの中に白い物体がある。先ほどまではなかったはずだ。物体はゆっくりとこちらに近づいてくる。どこかで見たことがあるような気がしたが思い出せない。いったいなんなのかを確かめようと田んぼへ近づこうとしたときだった。クラクションが聞こえ、尻餅をついた。

間一髪轢かれずに済んだが、一歩間違えれば大けがをしていたところだった。あの白い物体を見たのはこの二回だけだったが、いったいなんだったのかはわからない。

類話で「くねくね」という都市伝説があるが、関係しているのだろうか。

喫茶店

こちらも都市伝説に似た話である。

寺田さんは三十年ほど前、大阪の専門学校に通っていた。

当時、開校したばかりで本校舎は未完成だった。完成するまでの間は、駅前のビルの一室を借りて授業が行われることになっていた。仲の良い友人もでき、昼食はよく三人でビルの地下街にある喫茶店で定食を食べていた。リーズナブルなうえ、味もおいしい。サラリーマンやOL、学生など常に多くの客がいる人気店だ。

二年生になってしばらく経ったころ。

午前中の授業が終わり、いつものメンバーで昼食を食べにいこうと準備をしていると、ほとんど会話をしたことのない酒井君が「一緒にいってもいい?」と声をかけてきた。

彼は別段暗い性格ということはなかったが、いつもひとりでいることの多い人だった。

断る理由もないし、話したいとも思っていたので四人で例の喫茶店に入った。

馴染みの女性店員が六人掛けのテーブルに案内してくれる。四人掛けのテーブルもあるのにラッキーだなと寺田さんたちは思った。四人とも日替わり定食を注文した。しかし、なぜか女性店員はテーブルの前に立ったままだ。どうしたのかと聞くと「日替わり定食、四つだけでよろしいですね？　もうひとりのお客様もお決まりになりましたらお呼びください」と訝《いぶか》し気な表情で去っていった。

テーブルには水とおしぼりが五つずつ置かれていた。

「誰かおばけでも連れてきたんか？　てっぱんネタやな」

笑い交じりで定食がくるのを待った。

食べ終わるころには水やおしぼりのことはすっかり忘れていたのだが、会計時にレシートを見ると「五名様」と書かれていた。

そのときのことが気になり、一週間後、授業が終わってから喫茶店へいくと、ちょうどあの女性店員が出てきた。

先日のことを聞くと「はい。よく覚えています。五名様でいらっしゃいましたよね」と彼女は首を傾げながら言った。酒井君の隣に寄り添うように、赤い服装の女性が一緒に入ってきて座った。日替わり定食四つを復唱したとき、睨みつけてきた。その瞳が異様だった。

定食をテーブルへ置くとき、赤い服装の女はなにか、ぶつぶつとつぶやきながら、またこちらを睨んで店の外へ出ていってしまった。

数日後、酒井君が亡くなったという報せがあった。

通学途中に、駅のホームで突然倒れ、急死したとのことだった。

足

その男性は足の手術のため、入院することになった。

手術を終えて数日、寝ていることに飽きてきた。

雑誌も読みつくしてしまったので携帯のゲームをはじめた。しばらくすると、誰かが入ってきたような気がしたので顔をあげたが、病室の扉は閉まっている。ゲームの続きをしようとしたとき、妙な気配があった。掛け布団の上に、ゆっくりと足跡がついていき、移動している。見えない「それ」は、ぐっと足の上にのってきた。

激痛が走って思わず叫び声をあげる。

看護師がくるまで「それ」は布団の上をいったりきたりしていたそうだ。

常香盤

寺社仏閣を修復する職人で東さんという方がいる。

ふだんは依頼があれば全国各地へ赴き働いているのだが、数年前から山伏《やまぶし》の修行をはじめた。彼は月に一度、観光地から外れた林の中にある寺院へいく。春、夏、秋の三シーズンは入山し、水や穀物を断ち、滝に打たれながら精神力を鍛えるそうだ。

二〇一九年の九月のことだ。

東さんが寺へいくと、住職が「おもしろいものがある」と小さな箱を手に本堂へ入ってきた。鍵のついた黒く塗られた箱だ。中には朱色でおせちの重箱のようなものが入っていた。金色の取っ手がついており、大きさは縦が三十センチ、横は十五センチほどだ。

四段が積み重なっていて、常香盤《じょうこうばん》というものらしい。

一番上の段は灰を入れ、平にならし、香を焚けるようになっている。

道具を用いて時間を計り、香りを楽しむものだという。残りの三段にはその道具が入っていた。この常香盤は檀家の男性が自身で作り、持ってきたのだという。

男性は夢を見たのだそうだ。それは数年前に亡くなった叔父が足元に立っている夢だった。叔父は「私の代わりに常香盤を作ってほしい」と頼みこんできた。はじめのうちは単なる夢だと思っていた。

ところがそれから毎夜夢枕に立ち、催促をしてくるようになった。

なにか意味があるのかもしれないと、叔父の依頼を受けようと思った。しかし男性は職人でもなければ、常香盤を見たことすらなかった。戸惑っていると、また叔父が夢に現れ、材料の名前や売っている場所などを説明しだした。

中にはすぐに手に入れることの難しいものもあったが「この部品はどこどこの店の物で代用ができる」と細かく教えてくれる。その言葉に従って店にいくと、目当ての品物がしっかりと揃っている。

男性は指示に従い常香盤の作成にとりかかった。

初めての作業ということもあり、なかなか思うように作業は進まなかった。

するとまた叔父が現れる。しかもその手には、男性が昼間作っている途中の常香盤があり、長さや形、部品をはめる箇所、道具の使い方なども詳しく教えてくれるのだ。

常香盤が完成した日の夜のことだった。

叔父はまた夢に現れると、

「ありがとう。最後の頼みだが、それを寺に寄進してほしい」

そう頭を下げてきた。

男性は言われたとおりに寺へいき、住職に事情を説明すると、叔父と共に作り上げた常香盤を渡した。

叔父はそれきり二度と現れることはなかった。


この寺にはほかにもいくつかの常香盤があるのだが、それらはお香を焚くと途中で火が消えてしまうことがたびたびある。ところがあの寄進された手作りのものは、必ず最後まで燃えるという。

常香盤を作った男性は、どうやって作ったかまったく思い出すことができず、同じことは二度とできないだろうと語っていたそうだ。

東さんの希望により、地域や寺の詳しい場所は記すことはできないが、現物写真を送っていただいた。

その常香盤は今も関東の某寺院でゆっくりと時を刻んでいる。

天体観測

香さんは大学生のころ、天文部に所属していた。

ふだんは部室で星の名称や位置を話しあったり、文化祭にむけてプラネタリウムの作成準備などを行っていた。月に何度か車を出して実際に星の観測にいく。

二年生の秋のことだ。

当時、交際していた彼氏にふられ落ち込んでいたところ、天文部の先輩ふたりと同期が元気づけるため「観望にいこう」と誘ってくれた。

長野県の美ヶ原。観望スポットになっているところで、そこで観測と写真撮影をしようということになった。車に機材を積み込み、東京を出発した。

長野県に入り山を越えたあたりから雲行きが怪しくなってきた。

カーブを何度か曲がっていくうちに霧が濃くなり、あっという間に視界が真っ白になった。目的地まで、まだ距離がある。しかしこれ以上運転することは難しい。

速度を落とし山道を進んでいくと、ロッジの看板が見えてきた。いったんそこへ避難することにして、車を駐車場に入れた。

駐車場からロッジまでの間には遊歩道があった。ほかの車は一台もない。

霧のせいか、地面と景色の境目がわからない。

香さんは得体の知れぬ恐怖感に襲われた。なにが怖いのかはわからない。ただ、漠然とそう感じていた。自分を励ますために先輩たちがわざわざここまで連れてきてくれたのだ。「やめましょう」とはとても言い出せなかった。

遊歩道を抜けるとロッジの敷地に入った。

視界が悪く気がつかなかったがロッジの横に桟橋があり、その先は湖になっていた。湖とロッジの間には道が見える。どうやら山に登れるようになっているようだ。

「よし。美ヶ原は断念して、この上の山から観測してみよう。ここなら急に雨が降ってきてもすぐに下りられるだろうし」

先輩の一言で入山することにしたが、香さんはなにかが怖くてたまらなかった。

山頂に近づくと雨が降り出した。星の撮影は無理だ。機材も故障するので、やむなくすぐに下山した。ところがロッジの前までくると雨はあがった。山は諦め、湖から写真を撮ることにした。桟橋が狭いため、撮影は交代でひとりずつ順番に行うことになった。同期が一番はじめに湖へむかう。

香さんと先輩ふたりは自分の番がくるまでの間、そこにあったベンチに腰をかけ待機することにした。

ふと見るとロッジの玄関灯がついている。

「頼めば泊めてくれるかな」

先輩の言葉に香さんは立ちあがり「聞いてきます」と言ったが、すぐに「待って」と腕をつかまれベンチに引き戻された。

「どうしたんですか?」

先輩が一点を見つめ、指をさす。

玄関脇の窓から誰かがこちらを見ている。逆光で暗く顔はまったく見えない。うるさくて注意をされるのではないかと思ったが、全身が粟立つのを感じた。

窓辺に立つその人物が、突然左右に揺れはじめた。暗くてよく見えないが、直感で女性だとわかった。

そのうちに女性はすさまじい速さで前後左右に振動しだした。

香さんはその窓が気になった。すると先輩は、

「見ないほうがいい」

そう言って目をそらすように指示した。

もうひとりの先輩も震えながら「こっちが見えてるってバレないように帰ろう」と言う。観測から戻ってきた同期と合流すると、すぐに駐車場へむかって走り出した。

なんとか駐車場に戻り、車に乗り込む。

濃い霧の中を慎重に車を走らせて、東京へ戻ってきた。


天文部ではちょっとした決まりがあった。

課外活動をしたあと、参加していない部員たちに情報を共有するというものだ。

危険な場所などを皆に知ってもらうためだった。

ところが香さん含め、四人全員があのときのロッジの場所をまったく思い出せなかった。看板に書かれていた文字も、帰りに寄ったサービスエリアさえも、なにか話そうとすると頭にモヤがかかったようになにもわからなくなる。

まるで、あのときの濃い霧のように。

重なる

ある男性から聞いた話だ。

知人の紹介で知りあった女性と意気投合して、バイクでドライブをすることにした。

ふたりともオカルトや心霊番組が好きだったということもあり、ある深夜、大阪の心霊スポットを何か所かめぐり、帰路につくことにした。初めてのデートで、自分の運転の技術を見せたいと思った彼は速度をあげた。後ろで彼女は無邪気に笑っている。

ある交差点にさしかかったときだった。

突然、ランドセルを背負った少年が飛び出してきた。

慌ててハンドルをきったがその勢いで横転し、ふたりとも道路に投げ出された。

幸いほかの車や歩行者がいなかったが、彼女には大けがを負わせてしまった。

少年の姿はいつの間にか消えていた。

男性は責任をとる意味もこめ彼女と結婚したのだが、性格の不一致で結局離婚した。

数年後、男性は仕事の接待で訪れたキャバクラで働く、ある女性にひと目惚れをした。結婚を前提に真剣に付きあいたいと伝え、彼女の実家まで挨拶にいくと父親から「結婚するまでの間、毎日娘の仕事の帰りには迎えにいき家まで無事に送り届けなさい」という条件のうえ、許しをもらった。彼はどんなに仕事で疲れていても、彼女が出勤する日には店まで迎えにいき家まで送った。

ところが、ある日どうしても外せない予定が入り、初めて迎えにいくことができなくなった。彼女は「心配しないで。だいじょうぶよ」と快く聞いてくれた。

彼女が亡くなったことを知ったのは明け方だった。

父親から「なぜ約束を守らなかった」と電話口で何度も怒声を浴びせられたが、すぐに状況を飲み込むことはできなかった。

彼女は退勤後、ふだん使うことのない道を自転車に乗って自宅を目指していた。

その途中、脇見運転の自動車にはねられて、即死したそうだ。

その場所は、数年前に前妻と一緒に事故に遭ったあの交差点だった。

ちなみに前妻は「はるよ」で亡くなった彼女は「はるこ」という名前だ。偶然が重なりすぎた辛い過去だと、彼は語った。

脇見運転をしていた運転手は、いったいなにを見ていたのだろうか。

初恋

さつきさんは、躰の弱いこどもだった。

ものごころついたときには何度も入退院をくり返していた。小学三年生のころ、福岡にある総合病院に一週間の検査入院をすることになった。病棟の匂いは何度来ても好きになれない。母親に付き添われ、病室へ入る。そこは四人部屋だった。

入ってすぐ左側のベッドにはあちこちを包帯で巻かれた男の子がいた。

目があうとにこりと微笑んで会釈してきた。

右側のベッドは空いていた。窓際の左側のベッドでは、さつきさんより少し年下と思われる女の子が退院の支度をしていた。さつきさんの場所は窓際の右側だ。

仕事が忙しい母親は看護師に挨拶をすると「じゃあまた明日ね」とすぐに病室をあとにした。去っていく母親を見送ったあと、入り口のベッドにいる包帯の男の子と目があった。とたんに胸のあたりがチクリとした。

(あたし、このひとのこと好きだ)

ひとめぼれをしてしまった。

その日はもうすべての手続きも終わっており、晩ご飯を食べるだけだ。

さつきさんはベッドを降りると、男の子のそばへかけよった。

「あたし、さつき。あなたは?」

男の子は驚いたようで一瞬目をまるくしたが、すぐにニッコリと笑った。

彼は「ゆうき君」といって、さつきさんと同じ小学三年生だった。

数日前に交通事故に遭い、両足とも大けがをして全く歩けないのだという。

彼が歩くことができないのなら、自分がいけばいい。

それからは一日に何度も彼のもとへいって遊んだ。

学校やともだちの話、好きなゲームやアニメのことを話したり一緒にトランプをすることもあった。

病院は嫌いだし、検査の時間は億劫ではあったが、彼と過ごすことが嬉しくて毎日が楽しかった。

ただひとつ疑問に思ったことは、彼の両親が見舞いにきているところを一度も見たことがなかった。

「お父さんとお母さん、お見舞いにこないの？」

「仕事で忙しいから夜きてるよ」

ゆうき君はそうほほ笑んだが、さつきさんは見たことはなかった。日中彼の両親が見舞いにこない分、自分と一緒にいられる時間が増えるから嬉しかった。

学校の男子とはよくケンカをすることもあったが、ゆうき君とは気があった。

毎日遊んでもまったく飽きない。

一週間が経ち、さつきさんが退院する前夜のこと。

「また明日ね」

挨拶をしてベッドに戻った。淋しさがこみ上げてくる。

布団をかぶってしばらくの間、泣いていた。

退院当日、さつきさんは気がつくと車椅子に乗っていた。病院の白い廊下を移動している。誰かがうしろで押してくれているらしい。振りむくと、ゆうき君だった。

「あれっ。私いつ寝ちゃったんだろう。ありがとう」

恥ずかしさと嬉しさで顔をまともに見ることができないが、彼は柔らかな表情だった。

「どこへいくの？」

そう聞くと、

「もうすぐ一緒にいけるからね」

優しく微笑んだ。

ところがふとあることが気になった。彼は事故で大けがを負い、両足は動かないはずだ。ベッドから起き上がることなど、とうていできない。

「足、もう治ったの？」

そう尋ねると、彼の表情から笑みが消えた。

目を覚ますと、さつきさんはベッドの上にいた。母親や親戚たちが心配そうにのぞき込んでいる。廊下からは父親の怒鳴り声が聞こえる。

この朝、さつきさんは目を覚まさなかった。看護師による点滴過誤で昏睡状態に陥ってしまったのだ。一命はとりとめたが、危なかったらしい。

寝起きのせいか薬のせいなのかはわからないが、眠たくて躰がだるかった。

それよりも、ゆうき君はどうしただろうか。自分や家族のことよりも彼のことが気になった。母親にカーテンを開けてもらい、斜めむかいのベッドに目をやった。

シーツがきれいに畳まれ、そこには彼の姿はなかった。

どこへいったのか母親に尋ねると「そんな子、知らないわよ」と言う。見舞いに来たときに何度か会っているはずだが、忘れているのだろうか。看護師に聞くと、

「あそこはもともと空いていてここ一週間は誰もいないわよ」

そう言って首を傾げた。

そんなはずはない。毎日のように彼と遊んだ。いろいろな話をしたし、彼の声も匂いも笑った顔も、すべて鮮明に覚えている。

昨日までふつうに遊んでいたのだ。おとなたちは嘘をついているのだと思った。ところがこの部屋はさつきさんが入院したときから女児専用の病室に切り替わったのだという。

納得できなかったが体調が回復し数日後に退院の日を迎えた。

母親が会計の手続きをしている間、待ちあいロビーの椅子で待っていると、よく面倒を見てくれていた看護師がやってきて「さつきちゃんが一緒に遊んだ男の子のことなんだけど」と前置きして、こんなことを言った。

「あなたが入院する一週間前のことなんだけど、確かにあのベッドにはゆうき君という男の子がいたの。事故で大けがをして。最後まで頑張ったんだけど、残念なことに亡くなってしまったのよ。もしさつきちゃんが一緒に遊んでいたのがあのゆうき君だったとしたら、不思議な体験をしたのね」

さつきさんは急に怖くなった。あれほど好きだったのに、存在していない人だったのかと思うと、自分はいったい誰と遊んでいたのだろうかと不安になった。

退院後、自宅に戻り荷物の整理をしていたときだった。

リュックの内ポケットから一枚のメモ紙が出てきた。電話番号が書かれている。

「さつきちゃん、退院してからも遊ぼう。ともだちでいようね」

入院中にゆうき君がそう言って渡してくれたものだということを思い出した。

彼はいない、おとなたちはそう言っていた。

またほんの少しだけ背中がひやりとしたが、その反面嬉しくもあった。

(——確かめてみよう)

幸い両親は出かけている。

受話器をあげて書かれている番号のダイヤルを押すと、コール音が聞こえてきた。

「もしもし」

三コール目でつながった。

受話器を握りしめ、なにか話そうとしたが、なかなか声が出てこない。

なんと言ったらよいのか。

さつきさんが戸惑っていると、電話のむこうの相手が先に声をかけてきた。

「さつきちゃん？」

ゆうき君の声だ――驚きと嬉しさと戸惑い、感情が一度に湧きあがり胸が締めつけられ涙があふれてくる。たくさん話したいことはあるが、上手く言葉にならない。

彼は「ゆっくりでいいよ」と優しく言ってくれた。

しばらくして嗚咽もおさまった。

さきほどまでまったく出てこなかった言葉が、今度はおさまらない。

今、優先して言うべきことではないことも、なんでも話した。

時おり電話のむこうでゆうき君が笑ってくれる。

入院中の楽しいひとときを思い出した。

本来病院なんて大嫌いだったが、今回の検査入院は毎日が楽しくて仕方なかった。

好きな人がすぐそばにいてくれたから、頑張れた。

「私、初めて会ったときからゆうき君のことが好きだったんだよ」

さつきさんは思いきって自分の心を伝えた。

その途端、電話のむこうのゆうき君は黙ってしまった。

一方的すぎたと少し後悔した。

気まずくなってしまったさつきさんは「ゆうき君？」と名前を呼んだが返事はない。

困っていると、やがてノイズ音が聞こえてきた。

「もしもし、ゆうき君？　聞こえる？　もしもし？　もしもし？」

何度も名前を呼んだが、聞こえるのはノイズ音ばかりだ。

それでも、さつきさんは声をかけ続けた。

電話がこのまま切れてしまうと、もう二度とゆうき君の声が聞けなくなる。

そんな不安が心のなかで広がっていった。

「もしもし、お願い、ゆうき君、返事をして、返事を……」

祈りが通じたのか、ノイズ音はゆっくりとおさまっていった。

（最後に、もう一度だけ声を聞かせて。お願い、神さま――）

そう強く願った瞬間、ノイズ音が嘘のようにピタリとやんだ。

「もしもし……聞こえる？　ゆうき君」

静まり返っていた受話器から声が聞こえてきた。

「……もしもし。どちらさまですか？」

聞いたことのない中年男性の声だった。

「え……あの、私、その、ゆうき君の声が聞きたくて」

「もしかして……ゆうきのおともだちですか？」

男性はゆうき君の父親だった。


かかってきた電話に出てみると、混線しているようだった。

しかし、ゆうき君の父親はなぜか無性にそれが気になった。受話器を耳に当てたまま何分もの間、ただのノイズ音を聞いていた。するとそのうち静かになって、さつきさんの声が聞こえてきたという。

さつきさんは必死になって事情を説明した。

「本当なんです、私、つい今まで、ゆうき君と話をしていたんです……」

父親は黙って彼女の話を聞いたあと、こんなことを言った。

「わかっているよ。私はきみを信じる。ゆうきと遊んでくれて、ありがとう」

電話のむこうで父親が泣いているのがわかった。さつきさんも声をあげて泣いた。

お互い、ありがとう、ありがとうと何度も言いあい、電話を切った。


「これが私の初めての恋で、初めての失恋なんです――」

あれから十五年経つ。

彼が書いてくれた電話番号のメモは、さつきさんの手元に今も残っている。

現代怪談 地獄めぐり 羅刹

2021年2月4日　初版第1刷発行

著者　響 洋平、村上ロック、
シークエンスはやとも、徳光正行、
牛抱せん夏

企画・編集　中西如（Studio DARA）

発行人　後藤明信

発行所　株式会社 竹書房
〒102-0072 東京都千代田区飯田橋2-7-3
電話03（3264）1576（代表）
電話03（3234）6208（編集）
http://www.takeshobo.co.jp

印刷所　中央精版印刷株式会社

定価はカバーに表示しています。
落丁・乱丁本の場合は竹書房までお問い合わせください。

ISBN978-4-8019-2538-0 C0193